U0904905

福建城池考——汀州

楼建龙 著

海峡出版发行集团
THE STRAITS PUBLISHING & DISTRIBUTING GROUP
福建人民出版社

图书在版编目(CIP)数据

福建城池考. 汀州 / 楼建龙著. --福州:福建人民出版社，2020. 12

ISBN 978-7-211-08598-9

Ⅰ. ①福… Ⅱ. ①楼… Ⅲ. ①古城遗址(考古)—研究—福建 Ⅳ. ①K878. 34

中国版本图书馆 CIP 数据核字(2020)第 265136 号

福建城池考——汀州

FUJIAN CHENGCHI KAO——TINGZHOU

作　　者：楼建龙
责任编辑：何水儿
出版发行：福建人民出版社　　电　　话：0591-87533169(发行部)
地　　址：福州市东水路 76 号　　邮　　编：350001
网　　址：http://www.fjpph.com　　电子邮箱：fjpph7211@126.com
经　　销：福建新华发行（集团）有限责任公司
印　　刷：福州德安彩色印刷有限公司
地　　址：福州市金山浦上工业区 B 区 42 幢
开　　本：787 毫米×1092 毫米　1/16
印　　张：14.5
字　　数：204 千字
版　　次：2020 年 12 月第 1 版　　2020 年 12 月第 1 次印刷
书　　号：ISBN 978-7-211-08598-9
定　　价：98.00 元

前 言

从先秦的“七闽”，到宋代的“八闽”，福建一地的称谓形成，经历了数千年的岁月流逝；其间，代表着福建外部疆界形成以及内部行政大区划定的，是唐代涵盖福建全境的五大州级政权。唐代的福建“五州”，即我们现在习称的福州、建州、泉州、漳州与汀州，“五州”之中，汀州是最迟形成建置，却是经历了最多跳跃式发展的传奇地域。

唐开元二十四年（736年）前后，“开福、抚二州山峒以置州”，“汀州”之名始见于历史。汀州辖区所及，尽属福建西南与江西、广东相邻的广袤山区，是当时政令难以通达的化外之地。由唐及宋至明，汀州从最初的新罗之地逐渐析分，增至明代的1府8县，居民主体逐渐实现了外来移民“由客入主”的身份转换。近千年的开疆拓土，城池在汀州的历史演进中，起到了至关重要的推动作用。

城池，是指外界修筑有城墙或濠沟等防护设施的聚落与城邑。“城”主要指城墙及城门楼等地面之建筑物，而沿着城墙周边挖掘的护城濠及沟渠等构筑物，有水者称为“池”，无水者叫作“隍”。“城”与“池”合而并称，在空间范围上涵盖了以城、濠圈护的聚落或城邑的内部及外部相邻地界上的所有建筑与设施;“城”与“隍”的合并，则成为整座城邑的神权象征。

汀州城池按地域之界定，不仅指汀州府城及长汀县城，也包含了汀州府辖区内的其他各处县城，以及用城墙或堑濠围筑的各类巡检司城、所城、公馆、寨堡等。城池所指，并不仅仅只是那些围合耸立或砖或石或土的高矮城墙，还包括城墙内外的各类防御设施、街坊里巷、公共建筑以及景观标志等等。作为统领福建西部长达千年的政权象征，汀州城池见证了闽西大地的历史过往、一应自然与社会事件，也是这片土地上最具故事和内涵的人文综合体。

城池作为当地文明发展内涵最高、外在展现最为充分的综合体，对它的考证，必将涉及筑城的技术、不同时期筑修城池的原因、各异的城池形态，以及由于城池分隔而确立的城内外各类居民的身份认同等。汀州城池的肇建、修筑与扩张，与其位处闽西、毗邻赣粤的特殊地理位置，以及客家民系的形成有着密不可分的关系。与多数古代城池的形成过程迥异，汀州城池的最初出现，主要不是源于地方经济与文化的发展聚集，而更多是外来政权强势介入地方管理之后的防控需求。汀州地处闽粤赣三省边界，地理环境封闭，早期的经济文化相对落后于周边地区，大小各类城池的持续兴筑，确保了汀州历史与人文的一脉传承。

汉晋以降的汀州“土、客”之争，以及贯穿于历史全程的大小战乱和疆界纷扰，使城池的兴修成为各个时期的重点工程。汀州地处偏远，各地的政权设置与教化推广，都与城池的建置有着莫大关系。这一方面体现在政权建立之初，外来统治者力量尚弱，无法确保农耕与定居等先进习性的全方位顺利实施；另一方面，当时的地方势力相当强悍，反复攻袭之下，没有坚固城池守护的府、县政权难以为继，只能采取频繁“迁城”的游走策略。随着城池的营建与巩固，外来统治阶层在足以自保的前提下，用心倡导新开发区域的“仁治与教化”，才确保了高度文明化的外来者们后来居上。

客家人的到来，并不只是掠夺和侵占，同时还有更高的文明与先进生产力。汀州的客家化，是福建全境纳入中央集权化进程的一部分，也是中原移民对福建这一偏隅化外之地的最后占领。其中的区别在于，福建的大部分地区如福州、建州、漳州等，基本是由中央军队先期进入，击破土著或蛮僚武装、平定地方之后，再开始府、州、县的设立与教化；而汀州在建置之初，主要是汉民族血缘宗亲集团的大规模推进、融合式拓土开疆后，地方土著向中央朝廷“纳土归疆”“开化臣服”，最终归并成为福建的最后一个州级政权。开府立县之后，“土”人归于湮没，而“客家”登堂入室，执一方土地之牛耳，成为“反客为主”的典型案例。

因此，闽西客家地区的城池修筑，并不仅仅只是简单的防守，在某种程度上，还蕴含着更多的家园意识。筑城之后，散处各地的乡民把最为重要的寄托迁居到城里，然后从四方八乡定期前往集聚、祭拜。与此同时，在他们认为比较重要的地方，尽可能完整地营建起各式各样的城堡，将自身以及贵重物品包括牲畜、谷仓等全部圈护于内；抑或是筑寨建楼，守护一方。于是，就有了仍旧恢宏并矗立至今的汀州城墙，以及坚固的上杭城门、独特的中山所城、耸立的摩陀寨堡、寂寥的半岭古隘……

城池护卫着汀州大地上客家先民们的拓土与开疆，也见证着人们难以想象的牺牲与成就。但是到了清代后期，一方面是地方财力的日渐衰微，另一方面是交通方式的改变，使得各处城墙在年久坍塌之后，因为“于交通已无便”而填塞。至民国时期，大小城镇为了修筑新式马路，往往“奉准拆城墙砖砌路面及暗沟，于是环城城砖拆毁十之六七”。[1]

时光流逝，这些散处在闽西山水之间的大小城垒已经多数倒伏、塌圮，但它们却是福建西部“拓荒”进程的真实记述。各类汀州城池为客家先民所筑，

① 邓光瀛、丘复等修纂:《长汀县志》卷五《城市志》，中华民国29年；1983年重刊本。

其营造的目的和遵循的尺度、规制等又与周边地区不尽相同。由此，才有了本书写作的初衷与基本构想，即以建置形成、城邑修筑、城池形态、城区建筑、四境墙垒、营建尺度与规制理念为主线，对汀州范围内大至府城、小至关隘的各式防御设施及相关建筑进行系统表述。

汀州有城，数量不在少数；有城就有故事，隐身在不起眼的残垣矮墙和街曲里弄之间，随着岁月的积淀而历久弥新，散发出持久的幽香，成为有记忆与使命之人前行时的内心宽慰与坚持。斯城犹在，昔日的荣光或已湮没，或是被喧嚣的都市气息厚厚覆盖。

冀以此书，总结汀州近年之考古发现，追溯汀州城池的历史变迁，复原这些矗立于烟云之间的垣墙，与那些过往故事之间的真实。

作　者

Contents
目录

第一章　城池与文明

伴随着手工业和农业分离、阶级和国家出现而产生的城池，既是以非农业人口为主的居民聚集区，也是特定地域、特定阶段社会文明的综合体现。文明是使人类脱离野蛮状态的所有社会行为和自然行为的集合，由于各要素在时间、地域分布上的不均衡，不同地域的文明因此具有显而易见的区别。

文明起源的标志，一般认为应当具备文字、青铜器、城市这三大要素。但从中国古代文明的实际发展历程看，各地文字以及青铜器的出现时间，要大大晚于城市的形成时间。农业产生之后，定居的生活方式随之出现，聚落逐渐形成。中国北方地区在距今约6000年的仰韶文化中晚期，就出现了由环状濠沟围护着的中心聚落；为了进一步应对日趋严峻的外来侵略与掠夺，筑有垣墙的城池进一步取代了中心聚落。

我国传世文献中最早的建城记录，可以追溯至三皇五帝时期。传说黄帝杀蚩尤，因而筑城；也有鲧作城郭说，如《吴越春秋》所云："鲧筑城以卫君，造郭以居民，此城郭之始也。"黄帝、蚩尤、鲧都是古史传说中的人物，其中鲧的年代最迟，他是中国上古时代著名治水英雄大禹的父亲，也是中国第一个王朝夏朝开国君主启的祖父。最新的考古材料已经证明，中国南方百越地区最早的城池，至迟在5000年前的良渚古国已经成形，而这一年代，恰恰与三皇五帝时期基本吻合。

古代城池应当具备的要素主要有：城池外围修筑的城墙或濠沟类防御设施、城池内外能满足管理需要的各类公共建筑，以及与之相符的规划理念等。按照形态结构和功能布局的演变，中国城池的发展以东汉末、五代末为界，划分为上古、中古、近古三个大的历史时期。上古时期，从仰韶晚期到东汉末年，约公元前3000年至公元220年，这一时期的城池较小，以保卫城市管理者为主；中古时期是成熟期，从三国至五代十国，约公元220年至960年，其时代特征是官民兼顾，但城区轴线清晰，功能分区明显；近古时期，指北宋至清代，约公元960年至1912年，城池扩大，商业及商品贸易兴起，坊巷互通，官署宫庙与民居等不再严格分区设置。上下五千年，我国建造的大小城池，总计应当有四五千座之多。[①]

考古视野下回溯福建早期城池，先秦时期的整个福建尚属“蛮荒”之地，原始的中心聚落数量虽多，但规模均不甚大，多数聚落的周边只是利用天然或人工挖掘的濠沟作为围护。可以代表文明形态的福建早期城池，只有闽越国时期的武夷山汉城遗址、福州屏山汉代遗址等寥寥几处。

那么，闽西的早期文明是什么样子的呢？闽西城池是以怎样的方式开始并且有序地发展？参照上述中国古代城池发展的演变分期，我们将汀州城池区分为起源、肇建与拓展等三个时期，其时间段的划分与上古、中古、近古相同，即：起源期，史前至东汉末年，为闽西聚落的蛮荒阶段；肇建期，三国两晋至五代十国，为汀州古城的初创阶段；拓展期，北宋至明清，为汀州各地城池的发展与完善阶段。

一、舆壤荒服

无论是在地理意义还是行政隶属上，“汀州”这一称谓都是到了唐代才真正开始，故更早以前在这片土地上发生的事情，应以“闽西”称之。闽西即福建之西部，按照现在的行政划分，唐代以前的闽西，涵盖了现在三明、龙岩两个设区市的大部分。

① 张驭寰:《中国城池史》，百花文艺出版社2003年版。

闽西最早的历史，志书可以追溯到夏代。按《尚书·夏书·禹贡》的记载，天下共分九州，分别为冀州、兖州、青州、徐州、扬州、荆州、豫州、梁州、雍州，闽西位属“扬州之南”。至周代，《周礼·夏官·职方氏》有记：“职方氏，掌天下之图，以掌天下之地，辨其邦国，都鄙、四夷、八蛮、七闽、九貉、五戎、六狄之人民。”其中的“七闽”地域甚广，包括今天的福建全部以及广东东部潮梅一带和浙江旧温、台、处三府属地，也包括闽西的早期先民在内。

以上只是文献之中的记载，随着近三十年来闽西考古工作的持续开展，我们获取了更多的证据，可以对上古时期的闽西历史做出进一步的廓清与确认。

1. 最早的闽西

闽西的古地理环境多山多水，自然资源丰富，有利于古人类的繁衍与生活。1937 年 6 月，厦门大学林惠祥先生对武平县的考古调查与发掘，被公认是福建史前考古工作的发端。此后，考古工作者历经 80 余年的努力，在闽西地区发现了大量的史前人类活动遗迹，其中旧石器时代遗址的质量以及数量，在福建境内首屈一指。

福建旧石器时代的考古工作起步较晚，经过考古人的艰苦努力，迄今已经发现有文化层位的旧石器时代遗址（地点）30 余处。其中，闽西地区也就是目前三明、龙岩境内主要有属于旧石器早期的三元区万寿岩灵峰洞遗址、永安市贡川黄衣垄遗址，旧石器时代中期的将乐县古镛光坂山与后门山遗址、万寿岩船帆洞 3 号支洞遗址，以及属于旧石器时代晚期的清流县狐狸洞遗址、宁化县老虎洞遗址、漳平市奇和洞遗址、武平县猪仔笼洞遗址、长汀县对门山和鱼仔山遗址、万寿岩船帆洞上下文化层等等。[1] 万寿岩古称黄杨岩，在南宋《临汀志·山川》中有记，称：“黄杨岩，……与沙县接境。岩有三：其一在淳化寺中，有石龙，鳞爪具备；其二在半山，有虚白洞，上通天日，中架钟楼；最上为第三岩，有龙井，下

① 范雪春：《福建旧石器时代考古初步研究》，《东方考古》第 9 集。

透两岩，深不可测。左右前后多产黄杨木，故名。”清乾隆版《汀州府志·卷之三·山川》亦载：“黄杨岩，一名灵峰山，即万寿岩，……岩居归化、永安二县界，多产黄杨木。上有洞三,一在半山，一在第一洞下，一在淳化寺，洞口有古碑，字画不可辨。”

新、旧石器时代的区分，主要以当时人类所能熟练掌握的石器的制作方式来界定。旧石器时代向新石器时代的进化，是一个十分漫长且非常复杂的过程。除了石器制作工艺从以打制为主转向以磨制为主的区分之外，进入新石器时代的标志，还有陶器和农业或家畜饲养业的最早出现，社会形态也因此发生了巨大变化。最新的研究成果表明，中国的华南地区在公元前 18000 至 9000 年间率先进入新石器时代早期阶段，而长江以北包括中原、华北、东北等地，要迟至公元前 9000 至 7000 年才有了相似的文明。①

以漳平的奇和洞遗址为例，其史前文化堆积分为三期。最早一期的文化遗存距今 15000—13000 年，只见打制石器，磨制技术有少量的应用，相当于旧石器时代向新石器时代的过渡时期；第二期遗存距今 12000—10000 年，已经使用较多火候较低的夹砂粗陶，有一些器形较为简单的磨制石器，相当于新石器时代的早期；第三期遗存距今 10000—7000 年，属于新石器时代的中期，已经有了夹砂陶和泥质陶的区分，以及多种纹饰等。②

奇和洞遗址的发现，标志着闽西地区早在公元前 1 万年左右就率先跨入了新石器时代。然而，闽西地区在新石器时代早期、中期的文化缺环比较明显，同时期遗址发现数量较少，主要有明溪县的南山遗址、连城草营山遗址，以及长汀县的麻坡岗遗址等。麻坡岗遗址位于长汀县策武乡的李城村，出土的文物分为甲、乙、丙三类遗存，分别代表了新石器时代晚期至青铜时代的三个不同阶段，即甲类遗存距今 5000—4000 年、乙类遗存

① 韩建业:《早期中国：中国文化圈的形成和发展》，上海古籍出版社 2015 年版。
② 福建博物院、龙岩市文化广电新闻出版局:《漳平奇和洞遗址》，科学出版社 2017 年版。

明溪南山遗址与周边环境

距今 4000—3500 年、丙类遗存相当于商代中期至西周时期。[1]

因为福建地区并未归入中原三代即夏、商、周王朝的实际管辖范围，以同时期先进生产力的标志性器物制造技术为代表，一般将福建相当于商周时期的考古学年代统称为青铜时代。进入青铜时代的福建部族称为“闽”或“七闽”，其时代上承新石器时代末期，下启闽越之立国，年代在距今 3500—2500 年之间。这一时期福建古人类遗址的数量明显上升，规模也逐渐扩大。闽西地区的青铜时代遗存除了上述麻坡岗遗址外，还有永定的橘树下遗址等，年代为西周至春秋时期。[2]

通过对闽西史前文化发展序列的梳理，闽西史前文化与外界文化的阶段性交流可以得到很好的辨析。第一阶段是距今 7000 年以前，以奇和

① 陈明忠、范雪春、陈小文等:《长汀县麻坡岗史前遗址发掘简报》,《福建文博》2017 年第 2 期。

② 范雪春、陈文、林凤英等:《永定县橘树下遗址发掘简报》,《福建文博》2012 年第 2 期。

洞遗址为代表，闽西史前文化与外界的交流较少，即使是交流，也是以文化输出为主。第二阶段是距今 5000 年以后，闽西史前文化受到外来文化的影响与冲击，其中主要是新石器时代晚期，受到来自武夷山脉西侧文化的影响；距今 4000 年起，受到闽北及浙南文化的影响；商代中期以后，主要受来自九龙江流域与粤东地区浮滨文化的影响。[①]

汀江流域的考古发现表明，至迟在青铜时代晚期，这一地区的部族规模已经壮大。部族数量增多的同时，部族之间的等级差别开始显现。大小建筑和围护濠沟等防御性工事的出现，意味着不同部族之间攻伐的开始。随着社会矛盾形成，阶级开始分化，军事化政权的建立也就不可避免地到来了。

2. 闽越与南海

“七闽”之后的福建土著，文献称之为越人。春秋战国时期，生活在南方及东南沿海的族群被统称为“百越”，具体而指，则有“扬越”“骆越”“闽越”“瓯越”等等。战国之后的福建，开始了古代闽人和越人相互攻防并融合的历史进程，福建及周边逐渐成为闽越族的主要聚居地。闽西地处闽粤赣之间，地理区域与外界相对隔绝，又有汀江独流入海，生活其间的越人习俗及文化面貌一直保持自身特色，历千年生聚，一度在西汉初年孕育出“南海国”这一昙花一现的地方王国政权。

《史记· 越王勾践世家》记载，周晋王三十五年（前 334 年，战国中期），越王勾践七世孙无疆与楚威王作战失败，国亡于楚。“越以此散，诸族子争立，或为王，或为君，滨于江南海上，服朝于楚。”《读史方舆纪要》引《闽中记》云：“越亡于楚后，其子孙徙居越迁山（今福建长乐东北十五千米）。”越族入闽之后，与七闽土著发生融合，并在闽中传播吴越和中原文化。无疆七传至无诸，自立为闽越王。《史记·东越列传》载：“闽越王无诸及越东海王摇者，其先皆越王勾践之后也……秦已并天下，皆废为君长，以其地为闽中郡。”闽中郡是福建最早的建制，辖地包括今福建

① 福建博物院文物考古研究所、龙岩市文物局、龙岩市博物馆：《福建省汀江流域考古调查报告》，科学出版社 2019 年版。

全境以及浙南、赣东南与粤东北在内的广大地区。

汉高帝五年（前202年），刘邦封“佐汉击秦”有功的闽越族首领无诸为闽越王，并在闽中故地立国，建都于“冶”。汉惠帝三年（前192年），汉廷又将曾在灭秦兴汉斗争中有功的闽越族另一位首领摇封为东海王，建都于浙南东瓯，亦称东瓯王。自此，闽越族分为两国，一个是闽越国，一个为东瓯国。相对于地处岭南的南越国，史书通常合称闽越与东瓯两国为东越国。

汉武帝建元三年（前138年），闽越王郢在吴太子刘子驹的煽动下，发动了进攻东瓯国的战争。东瓯势弱，派使者告急于汉朝廷。汉武帝派严助发会稽兵从海上援救东瓯国，闽越遂撤兵回国。东瓯为躲避闽越兵锋，向汉朝廷请求举国内属，迁居于江淮之间。建元六年（前135年），闽越王郢又发动了对南越国的进攻。据《汉书·严助传》载，闽越国当时拥“三王之众相与攻之”，南越王赵胡不敢擅自发兵抵抗，派使者上书汉廷求救。汉武帝调遣两路大军一出豫章、一出会稽，合击闽越。大兵压境，闽越国爆发内讧，余善杀闽越王郢，并请罪于汉廷。汉武帝罢兵之后，先封无诸之孙繇君为越繇王，继承闽越国王位；后因余善势大，只能再封余善为东越王，与越繇王并处。但闽越国“一国二王”的局面并未持续太久，余善于元鼎六年（前111年）秋举兵反汉。汉武帝调遣四路大军入闽，余善发兵据险，但受到内部闽越衍侯吴阳与建成侯敖、繇王居股之合谋，兵败身亡。汉武帝元封元年（前110年），闽越国灭，存世前后凡92年。

以上有关闽越国的史料中，值得关注的是闽越王郢进攻南越时率领的“三王之众”。其中二王，当指闽越王和东瓯王，另外一王，多数认为是界于闽、粤、赣之间的南海国之王。据《汉书·高帝纪》记载，刘邦于高帝十二年（前195年）诏曰：“南武侯织亦粤之世也，立以为南海王。”

关于南海国的历史，在《史记·淮南衡山列传》及《汉书》的《淮南衡山济北王传》《严助传》等传记中有零星述及。可以知道的是，南海国的立国时间很短，其封地范围亦不明确。按明人全祖望在《经史问答》中的分析：“诏语以织为无诸之族，知南武近于今之汀；以其所封为南海，

武平东留古道

知其近于今之潮；以其迁于庐江之上淦，知其近于今之赣。”全氏断言，南武侯织的封地当在汀、潮、赣三州之间。汉文帝时，南海王反，被淮南王灭国，其立国时间不足 21 年。之后，闽西之地归属闽越国。汉武帝时，闽越国亦亡，闽西之地改属会稽郡。

清代学者杨澜的《临汀汇考》认为：“今武平县本长汀地。唐置州后，以本州西南境为南安、武平二镇。观其命名之意，用南、武二字分析并举，当是因其地为汉南武侯所封也。宋升镇为县，乃专以武平名之，而其地正在汀、潮、赣之间。全氏南海境中有地名南武之说，此其是矣。”杨澜认为，唐代置汀州后，于州的西南境设南安、武平二镇，从命名之意看，是用南、武二字分析并举而得，故其地应即南武侯所封地。

3. 两汉与汀猺

闽越灭国之后，汉武帝以“东越狭多阻，闽越悍，数反复”为由，“诏军吏皆将其民徙处江淮间。东越地遂虚”。在其后的 300 多年间，福建境内的人口极为稀少。其间，因遁逃山谷之民逐年复出，人口渐聚，立为冶县。

冶县是福建政区建置上最早出现的一个县，为会稽郡26县之一。冶县的冶所在今之福州，但建县时间在《史记》《汉书》中均无记载，明王应山《闽大记·闽记》认为冶县是在汉始元二年（前85年）时，与地处东瓯的回浦县同时设立。冶县隶属于会稽郡下的东部都尉，其范围大致包括今天除漳浦与诏安（当时属揭阳县）以外的福建全境。其时，会稽郡有两个都尉，西部都尉在杭州，管辖浙江的大部分地区；东部都尉应是设置于温州一带，管辖原来的闽越王故地。东汉时期，东部都尉进一步分解为东、南两个都尉，原东部都尉的范围仅局限于东瓯（今温州），以新增设的南部都尉来管辖闽中之地。[①] 南部都尉因为治所设在冶县，故又称东冶，后更名为东部侯官。

从西汉初年至东汉末年，闽西地区在建置上应归属于会稽郡的冶县，因僻处荒隅，对外影响式微。史书形容当时的闽西地区称："南荒去长安天末，梯航不至，重译不通，声教莫能讫也。迨其后，凿山开道，平险斩荒，而土宇版章，日式廓焉。"两汉时期的闽西，仍旧还是时人眼中的"南蛮荒服之地"。

在闽西长汀、上杭、武平等地的考古调查中，汉代器物的出土屡见不鲜。由此证明，这一地区在两汉时期并非真空一片，留存下来的地方土著在当地延续发展，但社会化程度不高，始终未能形成中心聚落或原始城池的规模。

这一时期生活在闽西地区的土著被后人称作"汀猺人"，即汀州的猺人。猺本盘瓠之后，范晔《后汉书》记曰："盘瓠，帝喾之畜狗，负少女入南山，止石穴中，生六男六女，自相匹配，织绩木皮，染以木实，以为服饰，号曰蛮夷。兹盘、蓝、雷固其遗种也，楚、粤为盛，吾闽有之，然不甚蕃，三五七家而已。"

由此可见，汀猺人应属南海国之后的闽西土著，即原当地闽族或闽

① 徐晓望：《福建通史》第一卷，福建人民出版社2006年版。

越族人的后裔。汀猺人在闽西之地土生土长，族群绵延两千年。随着北方汉民的持续涌入，汀猺人在当地社会中的人口比例及经济实力、地位影响等日益下降，先是成为少数族裔，然后又被“反客为主”的外来汉民称作“畲客”。有关汀猺人的生活情形，从清人范绍质的《猺民纪略》中可见一斑：

汀东南百余里，有猺民焉，结庐山谷，诛茅为瓦，编竹为篱，伐荻为户牖。临清溪，栖茂树，阴翳蓊郁，窅然深曲。其男子不巾帽，短衫阔袖，椎髻跣足，黎面青睛，长身猿臂，声哑哑如乌，乡人呼其名曰“畲客”。妇人不笄，饰结草珠，若璎珞蒙髻上，明眸皓齿，白皙经霜日不改。析薪荷畚，履层崖如平地，以盘、蓝、篓为姓，三族自相匹偶，不与乡人通。种山为业，夫妇偕作，生子堕地，浴泉间，不避风日。所树蓺曰棱禾，实大且长，味甘香；所产姜、薯、芋、豆、菘、笋，品不一；所制竹器有筐篚，所收酿有蜂蜜，所畜有鱼豕鸡鹜，皆鬻于市。粪田以火土，草木黄落，烈山泽，雨瀑灰浏，田遂肥饶，播种布谷，不耘耔而获。精射猎，以药注弩矢，著禽兽立毙。供宾客，悉山雉、野鹿、狐、兔、鼠、蚓为敬。豺、豹、虎、兕间经其境，群相喜谓野菜，操弩矢往，

长汀朝天门遗址出土的汉代陶片

不逾时，手拽以归。俗信巫事鬼，祷祠祭赛，则刑牲庀具，戴树皮冠，歌觋者言，击铙吹角，跳舞达旦。送死棺椁无度，号泣无文，三日而葬，远族皆至，导饮极欢而去。其散处也随山迁徙，去瘠就腴，无定居，故无酋长统摄。不输粮，不给官差，岁献山主租毕，即了公事，故无吏胥追呼之扰。家人嗃嗃，妇子嘻嘻，各食其力，亦无阋墙御侮之事。其性愿悫，其风朴陋，大率畏葸而多惧，望见衣冠人至其家，辄惊窜。入市贸布易丝，率俯首不敢睥睨，亦有老死不入城郭者。噫嘻，是殆所谓山野自足，与世无求，与人无争者欤？

二、开峒置府

汀州之建，肇始于晋太康，初成于唐开元。汀州城池的起始与规制形成，恰好处于我国城池发展的中古期，即三国至五代十国时期。

东汉建安八年（203年），移南部都尉于建安，将福建的政权中心从闽江下游的福州转移到了与江南联系更为便利的闽江上游。建安十二年，分东候官（原称东部候官，后改称候官、侯官）之地为建安县，属南部都尉。之后，闽中见诸记载的属县升至5个，即：候官（今闽侯）、建安（今建瓯）、南平（又称延平）、汉兴（又称吴兴，今浦城）、建平（今建阳）。

东吴永安三年（260年），建安郡设立，成为福建历史上最早具有实际管辖意义的州郡，福建地区也从县级管理单位提升到了郡级。建安郡的辖县除以上5县外，另有设郡前后新设的5县，即：昭武（今邵武）、将乐、东平（今松溪）、东安（今南安）、绥安（今泰宁）。从地域分布看，十县之中的八县位于闽北，候官、东安二县设于沿海，并没有关于闽西地区的机构设置。从可能的交通走向分析，闽西当时应分属于同处武夷山脉的绥安县以及戴云山脉的东安县。

闽西行政建置的上溯，在西晋的太康三年（282年）。

1. 太康始县

西晋王朝在东吴经略东南的基础上，进一步加强对于闽中的政权管控。太康三年（282 年）增置晋安郡，福建地区的行政建制析分为建安、晋安两郡。据《晋书·地理志》记载，西晋时期的建安郡下辖七县，即：建安县、吴兴县、东平县、将乐县、建阳县、邵武县、延平县；晋安郡下辖 8 县，即：原丰县（闽县，今福州）、新罗县、宛平县、同安县、候官县、罗江县、晋安县、温麻县。晋安郡所辖八县多在沿海，说明当时福建沿海颇有发展。不过，无论是建安郡还是晋安郡，人口都不多，据《晋书·地理志》的统计，二郡各有 4300 户，也就是说，当时全闽不过 8600 户人家，平均每县只有几百户。

闽西最早的政权建置，始于太康三年的新罗县。从当时的县域分布看，新罗县的辖区极大，包含了现在龙岩、三明两市的大部分区域，即现在的闽西之地。但新罗的县治在文献中没有明确记载，其政权中心有可能位于可以方便连接闽江与九龙江两大流域的地区，也就是后来的龙岩新罗一带；也有可能位于原绥安所辖地区通往赣东南的交通线上，即现在的长汀之地。

新罗县的设置时间并不长久。西晋后期，中原板荡，晋室南迁，所建东晋王朝偏安一隅，且很快被他姓所灭。从公元 420 年刘宋政权建立，到公元 589 年隋朝统一南方，其间经历的宋、齐、梁、陈四个王朝，因其统治都局限于南方，故统称南朝。在刘宋王朝，晋安、建安二郡的治县有所改动。据《宋书·州郡志》记载，建安郡领县七，为：建安、吴兴、将乐、邵武、建阳、绥城、沙村，与之前西晋时期相比，延平、东平两县被撤销，绥安改为绥城，沙村则是新立的县。晋安郡领县五，为：候官、原丰、晋安、罗江、温麻，与西晋时期相比，裁撤了位于福建南部与西南部的新罗、宛平、东安三县。梁天监（502—519）年间，闽中又增设一郡，即南安郡。梁大同六年（540 年），在南安郡下新设龙溪县，当时被称为苦草镇的龙岩之地，改属龙溪县管辖。

由于交通上的梗阻，由晋迄隋，闽西都属于无法通达的“化外之地”。从地理位置分析，闽西地区中的东部即九龙江上游应属于最初的新罗县以及后来的龙溪县，西北部的宁化、清流应属于绥城县，明溪以南的沙溪流域、汀江流域则从原来的新罗县辖地改属当时的沙村县管辖。这种情况，一直延续到了唐开元（713—741）年间汀州建置的出现。

关于汀州与新罗、龙岩的源属，历来众说纷纭。其一，认为今之龙岩新罗，即汀州之故治。也就是说，西晋的新罗，就是现在的龙岩，其主要依据是《唐会要》所称："天宝元年（742年）八月二十四，改新罗县为龙岩县。"其二，认为古之新罗城位于长汀附近。如《一统志》云，开元末于新罗故城东，置长汀为汀州府治。民国版《长汀县志》亦称："汀古新罗地也，以其前后左右翠峦环抱，故曰罗。其由河田迁于九龙，先朝陈（剑）太守之力也。"其三，认为新罗非城，实为山名。如《寰宇记》所载："开元末，新罗令孙奉先，昼假寐于厅事，见神曰'吾新罗山之神，从府主，求一牛食'。按此则新罗乃山名，晋唐因之以名县。"

文献记载的语焉不详，显示出当时闽西的人烟稀少与开化程度之低。志书中有清人赵良生所写《象洞》一诗，描绘出当年汀州之地野兽出没的蛮荒景致：

新罗辟地自晋始，窟穴旧是南蛮居。
九十九洞最辽阔，石岈嶆崒皆山楞。
传闻群象此中聚，何必刻舟知其数。
彩布缠腰棘女骑，红藤束背猺童坐。
焚山烈泽年复年，深岩邃壑还依然。
如山突兀不可见，秋风古寨牛羊眠。
……

2. 开元置州

隋代对全国郡县进行大量裁并。大业三年（607年），把建安郡、晋安郡、南安郡并为建安一郡，郡治在闽县，全郡人口约6万人，下辖闽县、建安、南安、龙溪四县。

唐代的行政建制分道、州、县三级，州与郡同级；此外，还设有级别稍低的场和镇。场和镇的级别比县低，但管辖的范围比较大，且在某一区域内占据着比较重要的经济或军事地位，在合适的时候，场、镇往往升格为县。武德元年（618年），改建安郡为建州，州治在今福州。武德八年，置泉州都督府，领泉州（今福州）、建州、丰州（今泉州）三州。垂拱二年（686年），置漳州；开元二十四年（736年）置汀州。汀州之名，至此第一次见于历史，成为福建五大州中最晚设置的一个州。在五州之上，福建设有总辖，也称都督府。都督府是军事机构，但名称不断改变，初为都督府，后改为经略使、都防御使、节度使、都团练观察处置使等；"福建"之名，即开始于唐开元二十一年设置的"福建经略使"。福建初隶岭南道，继则改隶江南东道；到元和（806—820）年间福建才自成一道。

关于汀州的设置时间，史书记载略有不同。按成书于唐元和八年（813年）的《元和郡县志》，是开元二十一年奏置。但在后晋开运二年（945年）的《旧唐书·地理》中，记为开元二十四年置。而最早成书于唐大历三年（768年）的《通典》中，则记为开元二十六年分置汀州。

汀州在建置时间上的多种说法，说明了建州之初官方记录的缺位，也可以看出汀州初置时期的诸多不确定性。因此，上述汀州建置的3个时间，有可能反映的正是建州过程中的几个主要阶段。正如《舆地纪胜·汀州》载王象之按语云："（汀州）自开元二十一年建议，至二十四年成郡，二十六年又分他郡之地以益之。"这一时间认定，也可以从南宋开庆元年（1259年）成书的《临汀志》得以确认，所以汀州的建州时间应为开元二十四年，即公元736年。

设置汀州的动议，始于唐开元二十一年（733年）福州长史唐循忠的奏请，于潮州北、虔州（今赣州）东、福州西之光龙峒置州。开元二十四年，开福、抚二州山峒，置州治于杂罗口，"招诱逃户三千余实郡中"，成闽西置州之始。

闽西历史上的"峒"，实际上是"苗""畲"的聚居地。杨澜在《临汀汇考》中对"峒"的解释是："峒者，苗人散处之乡。"他在述及唐初汀州的设置过程时，亦提及"唐时初置汀州，徙内地民居之，而本土之苗仍杂处其间，今汀人呼之‘畲客’。”也就是说，苗人、畲客都是在汉民到达汀州之前的原始土著。[①]

因此，唐初汀州的人员组成，除外来的官员和少量移民外，主要是福、抚二州山峒的土著。汀州之地的东、南区域原属新罗，隶于福州；西、北区域是将乐、建宁、泰宁和江西的石城、南丰等，当时属于抚州。福、抚二州之间的这一大片山地，四周山势崇峻，盘互交锁，而土著之民散处大小山洞之间，其性狞犷，官府于是采取招抚之策，置郡以治之。州名取自长汀溪，以旧《图经》所云："水际平沙曰汀。"又云："南，丁位也。以水合丁，于文为汀。"山高水长，临水而安，正是当年初来汀州的官员们在招抚过程中为自己也为当地百姓摹画的诗意前景。

汀州设置之初下辖三县，即：长汀、黄连（今宁化）、新罗（今龙岩）。除长汀县为随州新置外，新罗、黄连两县的设立都要早于汀州的建置时间。

按清代李世熊所著《宁化封域考》，宁化初称黄连峒。东吴永安三年（260年），黄连峒属于析建安郡之校乡西偏将乐地所置的绥安县，东晋义熙元年（405年），改绥安为绥城；隋开皇（581—600）间，废绥城，并入邵武，隶抚州；隋末群雄并起，土寇蜂举，黄连人名巫罗俊者，年少负殊勇，就峒筑堡，众寇不敢犯，远近争附之。罗俊因开山伐木，泛筏于吴，居奇获赢，因以观占时变，益鸠众辟土。唐武德四年（621年），析邵武地，复置绥城县。时天下初定，黄连去长安天末，版籍疏脱。贞观三年（629年），罗俊自诣行在上状，言黄连土旷齿繁，宜可授田定税。朝廷嘉之，因授罗俊一职，令归剪荒自效。而罗俊所辟荒界，东至桐头岭，西至站岭，南至杉木堆，北至乌泥坑。乾封二年（667年），析故绥城县地为归化、黄连二镇。开元十三年（725年），福州长史唐循忠因居民罗令纪之请，升黄连镇为县。汀州初置，割黄连以属之，盖置县在置州之先矣。

天宝元年（742年），改汀州之名为临汀郡，并改黄连县为宁化县、新罗县为龙岩县。乾元元年（758年），复改临汀郡为汀州。大历十二年

① 郑振满、张侃：《乡土中国：培田》，生活·读书·新知三联书店2005年版。

（777 年），析龙岩县改属漳州，但以建州之沙县来属，下辖之县仍为三个。在《元和郡县志》中，所载沙县改属汀州的时间是开元二十三年（735 年），如由是说，则汀州开郡之时，应领四县。

汀州初期的属县变迁，反映出闽西之地的建置渊源，即政权建置从九龙江上游的新罗、闽江金溪上游的绥安以及沙溪上游的沙县等三个方向，往以长汀为中心的汀江流域循序递进，并逐步开发、建州立县的“王朝教化”过程。而建置之初的汀州，在很长的一段时间里，定然还是一片的荒凉，正如唐代释灵澈在《初到汀州》一诗所述：

初放到汀州，前心讵解愁？
旧交容不拜，临老学梳头。
禅室白云去，故山明月秋。
几年犹在此，北户水南流。

远赴汀州的哀伤，也同样体现在唐代张籍的这首《送汀州元使君》中：

曾成赵北归朝计，因拜王门最好官。
为郡暂辞双凤阙，全家远过九龙滩。
山乡只有输蕉户，水镇应多养鸭栏。
地僻寻常来客少，刺桐花发共谁看。

3. 闽国南唐

汀州设置后，以长汀为中心，除北往黄连（宁化）、东南接新罗（龙岩）的境内道路外，通往境外的交通路线主要有三条：一是由长汀西北经篁竹岭至江西，巨商小贩悉由此路；二是由长汀西经隘岭至瑞金，前接豫章，后连东粤，为三省通衢；此外，沿汀江南下潮州，可接沿海陆路通道。唐末，由光州刺史王绪率领的光寿移民于唐中和五年（885 年）率部入闽，先攻破宁化等地的地方武装，占领汀州，后沿汀江入潮州境，再北上漳州、泉州，证明了当时由赣西南、粤东北进出闽西、闽南，以及汀、漳、泉、建、福各州之间主要道路的畅通。

唐昭宗景福二年（893 年），王潮攻克福州，随后占领福建全境，被任命为福建观察使。乾宁三年（896 年），升福建为威武军，王潮任节度使、检校尚书左仆射。乾宁四年十二月，王潮病逝，弟王审知袭任节度使，后加平章事，封琅琊郡王。唐亡，后梁开平三年（909 年），梁太祖朱全忠加拜王审知为中书令、福州大都督长史；开平四年，又封其为闽王。

王审知推行保境安民政策，“宁为开门节度使，不作闭门天子”，对外睦邻通好，对内整顿吏治，使福建在混乱的时局中保持着相对安定的局面。王审知对唐王朝和后梁王朝均进表纳贡，与邻境结姻通好，消弭战祸；对内用人唯贤，选用良吏。民间发生内乱时，王审知力主慰抚，“化战垒为良畴，谕编甿（即‘氓’）于仁义”。乾宁元年（894 年），闽西黄连峒蛮 2 万余人围攻汀州，王审知严禁诛杀，称“吏实为虐，尔（饥民）复何辜？”使内乱很快平息。

后唐同光三年（925 年），王审知病故，其后子孙攻伐，闽国不复安澜。长子王延翰继位后，正式建立闽国，自称大闽国王，奉后唐为正朔。后唐长兴四年（933 年），闽王王延钧称帝，即皇帝位，国号大闽，改元龙启。闽永隆五年（943 年），闽富沙王王延政于建州称帝，国号大殷，改元天德；天德三年（945 年），王延政改国号复称闽。

后晋开运元年（944 年），指挥使朱文进杀王审知之子王延曦而自立，以许文缜来守汀州。王延政据有建州后，遣兵攻朱氏，许文缜惧不克守，奉表以汀州降于王延政。开运二年，南唐攻破建州，王延政被俘，闽国亡，汀州之地尽入南唐。

南唐时期的汀州故事，主要有文献所载的凌波营。凌波营在汀州府东门鄞河坊，按江南野史：“南唐时，许诸郡民竞渡，每端午，官给彩牌，校殿最胜者标赏，皆籍其名。后主因蒐为水军，号凌波军，此其故营也。”

南唐保大三年（945 年），以延平为剑州，析建州之剑浦、汀州之沙县归隶之。自此之后，沙县不再隶属汀州，汀州的属县，也从唐代的三个降至南唐的两个，即长汀、宁化。宋朝开宝七年（974 年）九月，宋军攻打南唐，并于次年十一月攻破南京；南唐灭亡之后，汀州图籍悉入宋朝。

晚唐五代的汀州，官府所能有效管控的，应该只有长汀、宁化等主要城镇，以及驿道沿线所经的长条形区域。地方土著的势力极大，动辄围城，但闽国与南唐政权鞭长莫及，只能延续安抚之策。与此同时，驿道沿线的交通基本通畅，确保上下政令通达，来往官旅亦得以艰苦往来。这一情形，可以从驿道所经的明溪莘七娘墓得到旁证。

莘七娘为五代时人，从夫征讨，夫殁于明溪乡，七娘葬之，即居明溪。宋时有客宿明溪馆驿中，夜闻吟诗声，声甚悲苦。达旦，客以语人，录其词曰：

妾身本是良家女，幼习女工及书史。
笄年父母尝爱怜，谐得良人作鸳侣。
五季乱离多寇贼，良人被命事征讨。
提携奔逐道途间，忽染山岚命丧夭。
军令严肃行紧急，良人命殁难收拾。
独将骸骨葬明溪，数尺孤坟空寂寂。
屈指经今二百年，四时绝祀长萧然。
未能超脱红尘路，妾心积憾生云烟。

莘七娘的故事，深深感动了南宋末年深陷战乱之中的一代名相文天祥。宋景炎元年（1276 年），文天祥随军由南剑赴汀州，在已被敕封为惠利夫人的莘七娘庙壁题诗云：

百万貔貅扫虎狼，家山万里受封疆。
男儿若不平妖乱，死愧明溪莘七娘。

三、析县拓邑

汀州在北宋之初，下辖仅长汀、宁化两县。历宋、元、明朝，汀州版图除东北境略有变动外，基本沿袭旧地，但属县屡有析分，所领之县增至八个。

太平兴国三年（978 年），汀州复隶威武军。雍熙二年（985 年），隶福建路。淳化五年（994 年），析长汀地，益上杭、武平二场，并升为县，所领之县增至四个。元符二年（1099 年），析长汀、宁化地，置清流县，领县五。绍兴三年（1133 年），升长汀之莲城堡为县，领县六。

景炎二年（1277 年），元兵克汀州，黄弃疾以城降。至元十五年（1278 年），升为汀州路，隶福建行中书省，改莲城为连城。之后，曾隶于江西行中书省。至正十六年（1356 年），复隶福建。

明洪武二年（1369 年），复置福建行中书省；洪武七年，置福州都卫（与行中书省同治），后改为福建都指挥使司；洪武九年，改行中书省为承宣布政使司。汀州府在明代新增两县，即：成化六年（1470 年），析清流、宁化、泰宁、将乐、沙县五县之地，合置归化县，领县七；成化十四年，析上杭县五里十九图地，置永定县。至此，汀州府下辖属县增至八个。

1. 客族入主

宋初的行政区划承袭唐朝的道州县三级制，但改“道”为“路”，成为路、州、县三级制。在宋代，福建成为独立的省级行政单位，称为“福建路”.“军”的称号始于唐代，常设于两道交界处，为驻扎有重兵的营垒；到宋代，军成为与州同等的行政区，但地域相对狭小。宋初，析泉州置兴化军，析建州置邵武军，改剑州为南剑州;宋室南渡后，升建州为建宁府。这样，福建路下辖共一府五州二军，福建因此而有“八闽”之称。

宋代，汀州共增设上杭、武平、清流（元符元年初设、绍定元年撤销、元至元八年复置）、连城四县，反映出闽西人口在两宋期间的激剧增长。从《元和郡县志》的数据，唐元和（806—820）年间，汀州的户口数量仅 2618 户；北宋太平兴国五年（980 年）至端拱二年（989 年）间，汀州人口增至 24007 户，增幅高达 817%；到神宗元丰（1078—1085）年间，汀州的户口数增至 81454 户，百年之间的增幅高达 239%；至南宋中叶的宁宗庆元（1195—1200）时期，又增至 218570 户，增幅 168%，实增 137116 户。除了人口数量的增加，闽西的经济在这一时期也有较快增长。据《上杭县志》，宋皇祐（1049—1054）间，汀州贡金百六十七两；而太平兴国（976—984）初，天下产金六州，闽唯汀有之。

宋代郭祥正有《题南楼》一诗，描写了当时汀州外来移民的思乡情愁：

楼外青山似故人，雨余山色净无尘。
青山依旧人还老，一片离愁挂晚春。

汀州户口数量的激增，很能说明汉民族在宋代大量迁入汀州的历史事实。因此，近年来不少研究客家的学者认为客家民系应形成于宋代或者南宋及元代。但是，客家先民的大量进入，打破了闽西地区原本还算平稳的土客融合进程，社会矛盾在北宋后期逐渐激化。宋末元初，尖锐的民族矛盾，使地处三省交界的汀州成为汉民族抵御元兵的最后几块根据地之一，闽西地区由此兵连祸结，纷争不断。

频繁的兵患与民变，使早期并不见于史书的汀州大小城池开始登上历史舞台。攻防之间，城池得以修缮、加固、扩筑，相关记录不绝如缕，并自此贯穿于汀州的城池发展史中。按史书所记，宋元之间的较大战乱有：

宋绍定三年（1230 年），宁化南城盐商晏彪（头陀）聚集农民于潭飞寨起义，周围各县纷纷响应，起义军发展达数万之众，席卷十数县。绍定四年，宁化农民起义军首领胡麻等率众攻打上杭，破县治，毁县署。

元延祐二年（1315 年），赣南农民起义军首领蔡五九率部攻破宁化城，据地称王，朝廷诏令江浙行省平章张驴等讨伐。

至正六年（1346 年），原为县衙兵士的莲城县人罗天麟不满元统治者的高压政策，联合陈积万起兵反元，攻取长汀、宁化、清流、将乐、顺昌等县，追近南平，队伍发展到两万多人。元统治者令福建、江西、浙江元兵十万余人分四路围剿，平定后，改“莲城县”为“连城县”。

至正二十一年，红巾军占领连城县城，烧毁城关文庙、县衙。

至正二十二年，宁化曹坊农民曹柳顺为首发动农民起义，占据曹坊，拥众万余，连续攻打宁化、清流、连城、长汀及江西石城等县兵寨，后被陈有定击败。

元人卢琦有诗《抵宁化县》，记录了当时萧条的社会景象：

触热来宁化，居人已卖瓜。
田园饶五色，市井近千家。
孤塔凌云耸，青山对县斜。
萧疏兵火后，抚景重咨嗟。

2. 漳南道设

自唐宋以来，闽西汀州府一直是福建省田地、田赋数量最少的一个地区。明天顺（1457—1464）年间，福建布政司田赋总额为 82 万余石，福州、泉州、漳州、建宁四府均在 10 万石以上，仅有两个属县的兴化府也有田赋 6 万余石，而汀州府仅 3 万余石，还不到全省田赋总额的 4%。

入明之后，汀州地区的土客之争愈演愈烈，而明朝廷在闽粤赣交界地带的兵备却相对薄弱，武装割据此起彼伏。主要的起义事件有：

洪武二十年（1387 年），上杭来苏里畲族农民首领钟子仁率众起义。同年，武平谢仕贞率众起义，武平县丞蒋昭奏请汀州卫指挥黄敏派军剿捕，汀州守备都司移驻武平所。

正统十四年（1449 年），沙县邓茂七分派部将陈景正围攻汀州，余部攻下上杭县城。

天顺六年（1462 年），上杭胜运里寨背山人李宗政联合阙永华等起义，自号白眉军，破县治。次年巡按御史伍骥亲领官兵镇压，在丁字寨受义军伏击，都司丁泉被打死。自此，上杭县始设守御千户所。

成化十三年（1477 年）冬，上杭县溪南里（今永定县）畲民首领钟三、黎仲端等聚众举义，不久被右佥都御史高明所镇压；次年，析置永定县。

成化二十三年，上杭胜运里农民首领刘昂、来苏里温留生联合武平农民军首领丘隆等数千人，攻打江西石城、广昌、信丰，广东揭阳等县。三省奏请设兵备一员驻上杭，由按察司佥事伍希闵兼任分巡事。

弘治八年（1495 年），上杭来苏里农民首领刘廷用、张毓、陈宗寿等率军攻打江西瑞金、会昌、宁都，又转攻广东程乡。时都察院右副都御史

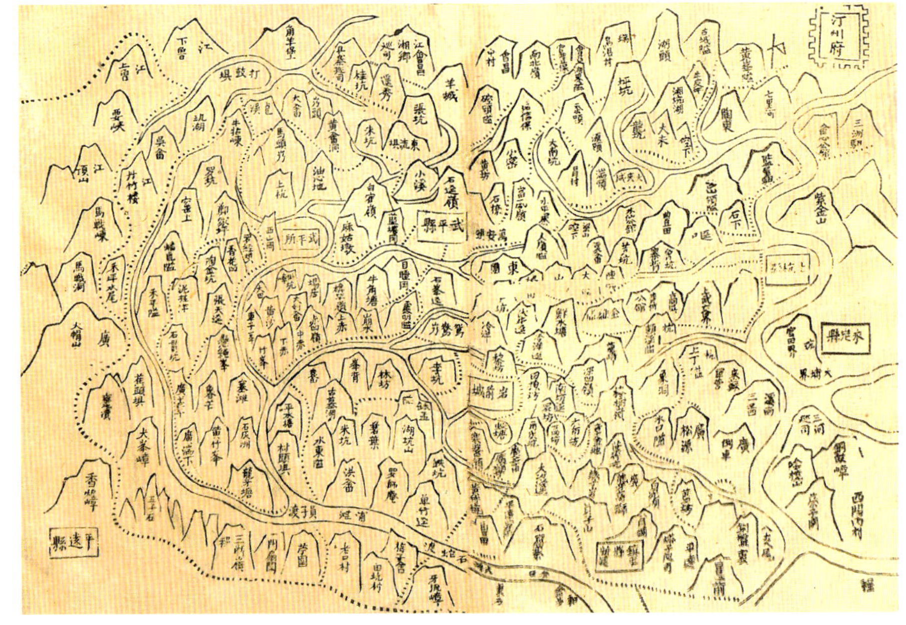

岩嶂合图（引自清乾隆版《汀州府志》）

金泽坐镇赣州，节制江西、广东、湖广、福建四省，统辖汀、赣、潮、惠等八府之兵备以镇压。

正德二年（1507 年），武平农民陈裕、吴显、曾惟茂等举义，联合广东程乡李四仔等，提出“平粜粮食，救济贫民”的口号，结集二十营寨于闽粤交界处与官兵抗衡。正德四年，武平曾惟茂等率义军进攻武平所城，杀百户向升。次年移驻岩前、上赤等地，发展到数千人，占据福建、广东边境十多个县城。

正德五年三月，广东李四仔部攻宁化叶坊，攻破宁化城；嘉靖三十六年（1557 年），广东顾子传攻打县城，相持半月；嘉靖四十年，广东林朝曦、梁统率众用云梯攻宁化县城，相持四十天，被知县陈添祥用佛郎机击退。

正德十二年，武平县岩前刘隆孜等率众起义。南赣巡抚王守仁提师驻上杭，施计诱降，起义军被瓦解。王守仁为镇压闽粤赣边境之乱，堵塞河子口以上七处河道。从此，武平下坝至潮州的船运中断。

嘉靖三十七年（1558 年），武平刘海父子兄弟在悬绳峰聚众起义。巡

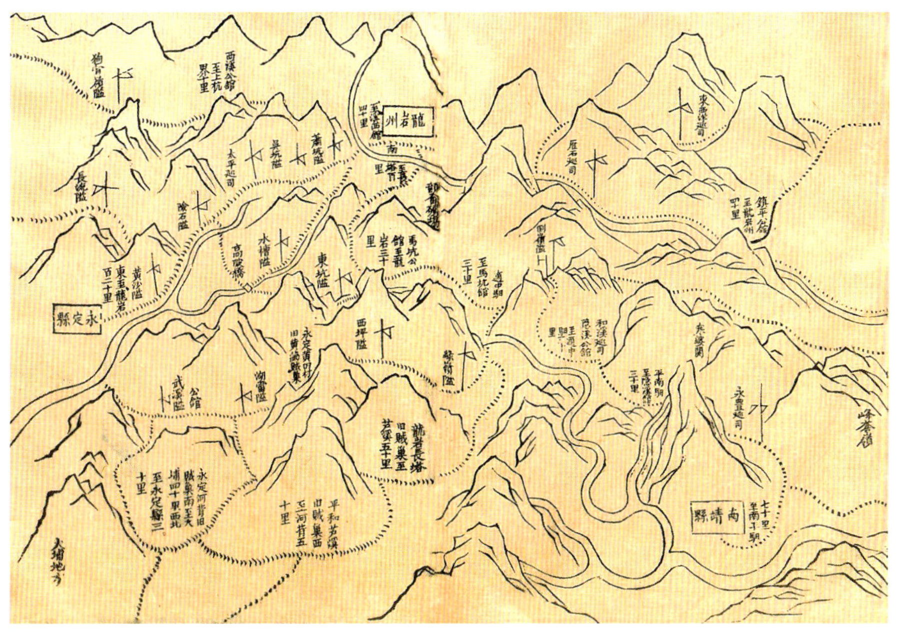

汀漳潮交界图（引自清乾隆版《汀州府志》）

抚龚辉联合漳南道及广东程乡官兵包围起义军，悬绳峰被破。

嘉靖三十七年春，广东张琏率部攻打明溪盖洋，夏阳巡检顾辉战死。嘉靖三十九年春，张琏部围攻县城。

嘉靖四十年，上杭胜运里农民起义军首领李占春率所部罗廷秀、李乃暄、卜廷诏和张节等，号召平粜谷物，聚义民万人攻打永定、连城县署。

崇祯元年（1628 年）正月，广东平远县农民龚一、苏阿婆、赖颠四等攻打高梧。不久，起义军发展到数千人，转攻武平所城，杀守备徐必登和镇抚陈应龙于麻姑墩，在铜盘山与千余官兵激战后进攻武平城。知县巢之梁固守城池抵抗，巡道曾樱调集杭武两县官军乡勇数千人，并檄请潮州兵备道谢琏派官军会剿。

崇祯四年，广东平远农民钟凌秀、钟复秀兄弟聚众千人于连子山、铜鼓嶂击败武平 2000 多官兵，擒斩守备吴奇勋、把总罗器、千户祝禧等 200 多人。武平、上杭、平远三县起义军在高梧打败数县官兵联合围剿，擒斩千总林应龙、指挥黄应官等百余人。

崇祯十七年，广东肖声、陈丹等率领数千人，号称“阎罗总”，向汀州逼近，上杭、永定、瑞金等地百姓闻风而逃。

在一系列的武装平定过程中，归化、永定县城陆续设立，同时，以军事为主的武平卫所、上杭守御千户所的力量得以增强。成化六年（1470年），顺天府治中龙岩人丘昂奏设漳南道，乃改建宁道分司为漳南道；成化二十三年，道署迁驻上杭，至清康熙二十一年（1682年）裁撤，历196年。漳南道的设置，成为汀州军政一体并日益强化的标志性事件。

有关漳南道的设置过程，在明清文献及题刻中时有所见，兹录明代范辂之《漳南道题名记》于下：

> 八闽始分二道：建宁道，领建、延、邵、汀；福宁道，领福、兴、泉、漳。若汀、漳，则皆二道尽绝处也。漳濒海邻广，而汀则邻江、广，疆域蜿蜒，林竹深密，恃险负固者往往弗靖。兼以三省逃逋，土著杂扰，势不相摄，故亦往往相侵犯。成化六年，镇巡议请添漳南道以专。汀于时惟设分巡，尚未有兵备道名。后来苏、胜运、岩前诸处为患未息，当事协谋剿平之。成化二十三年，又复议请设兵备一员，驻扎上杭，以控其冲，兼理分巡事。……夫闽离朝廷为远，而漳南离闽又为远且僻。远而且僻，倘或有怠心乘之者，弊端溃出，何以上副国家委任，下塞民生责望哉？辂为此者，欲后来同志君子知某可师，某可戒，又欲点检所存所发，足为后来者可师，毋为其可戒，庶几克尽厥职。而汀漳之盗贼自此远去，风俗自是可美，礼乐自是可兴，殆将为善治矣。

3. 城扩堡兴

明末清初，汀州成为南明小朝廷的喘息之地。清朝统一不久，汀州受耿精忠之乱波及；清中期之后，又有太平天国之余众与清廷长期对峙拉锯于闽、赣、粤交界之地。数百年间，闽西战乱持续不息，涉及城池的主要有：

顺治二年（1645年）秋，广东农民起义军首领张秤锤等率众夜袭武平城，官兵死伤严重，县衙被焚。

顺治三年八月二十七日，隆武帝自延平至汀州。二十九日，清兵追至，汀州失陷。九月，清军李成栋率部攻下连城、上杭、武平，各县望风纳款，武平所世袭百户王道一和回家探亲的延安同知徐文泌率兵据武平所城抵抗，并出击武平县城，与清军抗争。冬，王、徐战死，所城被破，死难者甚众。

顺治四年八月，明永宁王妃彭氏占据延祥九龙寨，聚数百人反清，攻打归化，败退后奔向洋源。次年，彭妃由延祥移营出归化雷涧，被清参将王梦煜拦击捉住，绞死在汀州灵龟庙。

顺治六年二月，明溃军郭天材部攻宁化县城，烧毁城外民房数百间。

顺治十八年，总督李率泰安插郑成功部降清总兵蔡禄率兵3000余驻上杭县城，民众受扰。进士莫之伟等倡议捐资改修千户所，并在东北郊旷地建造官舍兵房千余间。

康熙十三年（1674年）春，耿精忠据闽叛清。十五年五月，耿部刘应麟勾结海盗攻破汀州府，其部属盘踞归化县城。秋，藩王叛乱平息。十六年正月，副都统伯穆赫林等追剿海寇，收复归化县城。

咸丰七年（1857年）四月，太平军石国宗部破汀州府；五月初四，围攻上杭；十一日，攻克武平城；十八日，离开武平，向江西转移。

咸丰八年三月，武平反清会党红会联合广东松源红会万余人，进攻象洞和广东石寨等地。七月初五，太平军由江西进占宁化；初六，袭泉上，朱县丞被钉在关帝庙磔死。九月十四日，太平军石达开连克泰宁、建宁、宁化，后因给养困难离闽。清廷增兵汀州，曾国藩、张运兰统军入闽；九月二十七日，驻宁化太平军撤入江西。

咸丰九年九月十日，太平军石镇吉部攻克连城县城；二十九日，围攻集结在冠豸寨的豪绅抵抗势力，激战一昼夜，石镇吉部攻取冠豸山寨。

咸丰十年十月十九日，太平军花旗部攻克武平县城。

同治三年（1864年）四月十五日，太平军林正杨部占领宁化，三十日退往归化、建宁。九月初二，太平军李世贤部由大埔向武平进发，十一日攻入武平县城；与此同时，丁太洋率太平军数千人攻克武平所城（今中山乡）。

同治四年五月初五，太平军汪海洋部由上杭至象洞、鲜水塘；初七至岩前，驻武平东南各乡及广东镇平等地数月。

长期的社会动荡，使地方绅众日益重视城墙对于安全的维护，但又不便于常年荫寄于府县城墙之下，于是纷纷联结自保，在各处乡间山野中营筑出数量众多的坚固的大小寨堡。相比较而言，发生在清代的武装斗争比之明代更为惨烈，府县城池被接连攻破，分散各处的寨堡险隘成为乡绅民众最后的自保之地。

据清代后期的统计，福建全省在官府册籍上的田地共有 14180 万余亩，其中汀州府只有 1315 万余亩，不到全省田地总额的 1/10。而福建全省土地总面积为 12 万余平方千米，清代闽西客家八县的地理面积近 2 万平方千米，约占全省总面积的 16%。可见，闽西山区的可耕地面积比例远低于福建的其他地区。

汀赣界图（引自清乾隆版《汀州府志》）

有清一朝战乱的频繁发生，一方面有满汉民族之争的缘故，另一方面也与闽西客家人的重土情结以及当地生存资源的紧张有着很大关系。这一点可以从清朝官员黎士弘的《邱赵二公报德祠记》得到证实。文中记述了汀州生存条件的艰辛，而官员们为百姓着想，冒死截留余粮，百姓感恩，为之立祠的故事。

> 我汀邑山多土瘠，田中下，厥赋上中，民鲜盖藏，又拙于谋生，岁稍不登，凶饥立见。一二有司，意或不在百姓，而至用二用三，国之为国，其尚可问乎？前明万历五年，郡属邑连城，有浮粮千百，欲均而派之长汀七邑。当事已允其请，檄旦夕下，邑绅故思恩太守赵公钺率邑人起而争之曰："地有分疆，赋有定额，无故而为邻国之壑，虽死不任受。"邑大令邱公讳名贵，削牍详请，至再至三。谓："令可去，决不能代外邑无名之征，使他日谓邑之浮粮害民自邱某始。"当事伟其词，其事遂得寝。然邱公亦竟以自拂当事意，解官。邑民感邱、赵两公恩，于西郊罗汉岭之侧建祠祀两公。

第二章　迁址与筑城

汀州一府八县，主要城池在由唐迄明的近千年时间中次递兴建。经考证，汀州的府县城池在肇建之初，多数都经历过数次搬迁。虽然史书对搬迁的原因并没有明确记载，但总结起来，不外乎两大类，即外部环境的限制与内部发展的需要。

“爱土而易居”，是早期农耕民族的生活习性。伴随着原始农业的兴起，包括陶器、石器制作为主的原始手工业逐渐发展，早期部落进入定居生活模式，形成聚族而居的聚落；聚落随着时间的流逝而发展壮大，即所谓“一年所居成聚，二年成邑，三年成都”。这里的聚、邑、都，都是有着较为完整防御设施的聚落，深沟与高垒成为主要的外部形态，并发展为最初的城池。城池经过发展，成为有“城”有“野”的城邦社会，大城称为“国”、小城称作“邑”，城外之地为“鄙”“邑落”或“野”。“君子居国，小人狎于野”，“城”与“野”的分化与对立自此形成。[①]

从公元前21世纪“禹居阳城”开始，至前16世纪，夏王朝14代17帝的国都前后共有7处。同样，商王朝从最早的国都亳（今河南商丘）开始，300年间迁都5次，一直到公元前14世纪，商朝的第20位国王盘庚从“奄”（今山东曲阜）迁至“殷”（今安阳小屯），国都才基本稳定下来。

① 贺业钜:《中国古代城市规划史》，中国建筑工业出版社1996年版。

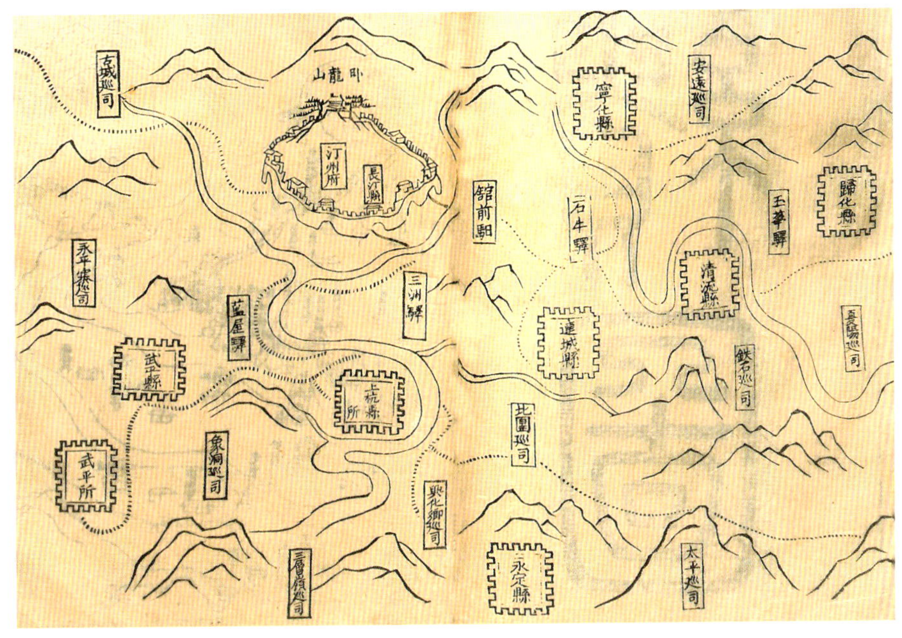

汀州府属八县总图（引自清乾隆版《汀州府志》）

都、邑的不断搬迁，与当时的社会形态及生产模式密切相关，是农耕规模尚小、定居聚落尚未成型的反映。早期汀州的迁城模式与盘庚迁殷之前的中国早期城池形态基本相似，是汀州形成初期社会属性尚未整体提升的体现。

一、城址数迁

汀州与福建历史上的行政中心福州之间，不仅距离最远，而且崇山峻岭阻隔，联络困难。最近的地区，分别是江西的赣州与广东的梅州，然后才是省境之内的邵武、延平与漳州。与赣州、梅州之间，分别有贡江与汀江可以相通，但州府所在的长汀以及府属八县都是“山谷斗绝”之地，山重复而险阻，水迅急而浅涩，对外交通极其艰难。

地理上的荒僻，使筑城的需求更加迫切。但这种迫切，有时也会让最初的选址不尽如人意，往往在几年之后，就面临着迁城的无奈选择。正如人们所说的“牵一发而动全身”，迁城所要涉及的方面极多，因此不得已而为之的迁城之举，一般多发生于草创初期。以汀州而言，搬迁次数最多的是上杭，其次是长汀，然后是宁化、武平；迁城的时间，主要在唐代至北宋。除上述府县外，其余四县是从已有旧县版图中分出析置，如宋代从宁化分出清流、从长汀分出连城，以及明代从清流等县分置明溪、从上杭分置永定等；在这一时期，县城的设置及选址要经过层层上报与核准，“迁城”这样的大事也就较少发生了。

1. 州城数迁

按唐书《地理志》载：“汀州临汀郡，开元二十四年，开福、抚两州山峒，置治新罗。”按前所述，早期的新罗是否有城？新罗县城的位置是在今之龙岩，还是在今之长汀之西？以上说法的不同，直接导致了其后府城迁址方向的迥异。

其一，闽赣边界说，认为古新罗位于今长汀之西。汀州初立时，是在新罗故城的东面置长汀县，为汀州治所。之后，先迁东坊口，去今治北五里，今名旧州城；再迁白石乡，去府城南二百步，在宋为衣锦乡。

其二，龙岩说，认为古新罗即后来的龙岩州治（今新罗区）所在。唐开元后，徙县治于距上杭县北十五里的长汀村；不久，又迁县治至东坊口；唐大历中，迁白石村。这一说法也见于《上杭县志》：“（上杭）县北十五里有长汀村，为旧州城，即曾经的汀州故城之所在。”

其三，有研究者认为，汀州初立时的新罗，即今之龙岩、古之杂罗，属西晋与唐之新罗县地，但却不是唐汀州初置所在地；唐汀州的初置之地在长汀村，即今上杭县城西北方向汀江与旧县河相汇处的九洲村。[①]

以上存疑，主要针对的是汀州初置时城池的第一迁或第一、二迁，但之后迁至长汀东坊口、白石村、卧龙山下的具体时间及经过等，不同记载之中仍有分歧。

按南宋《临汀志·建置沿革》所记：“大历四年（769年），刺史陈剑奏迁白石，即今治是也。”同时，又注《唐会要》云：“大历十四年正月

① 庄景辉:《唐汀州初置考》,《春华秋实——福建博物院建院80周年纪念文集》，福建教育出版社2013年版。

二十六日，移汀州于长汀县白石乡。”有关迁城的详情，在《临汀志·名宦》所录“陈剑”事迹中记曰：“（陈剑）唐大历四年为刺史。先是，开元间置郡治新罗，凡两迁东坊口。剑始至，闻鼓角声堙郁不畅，进吏民问状。曰：‘不宁唯是。年谷不登，民多疾疫。’剑曰：‘治虽草创，堪数迁耶？’愕眙久之。乃更卜西五里卧龙山之阳曰白石村，收其利病，请之朝而改筑焉。距今五百余载，城池官守虽有增益，而府治基址无改于旧，民皆德之。其名虽不载于史，长老相传，与汀相长久云。”

从上述纪事可以推知，陈剑在大历四年任职汀州刺史，当时的汀州城池是在东坊口；大历十四年，陈剑将府城西迁五里，至卧龙山之阳的白石村。因为此次迁城是“请之朝而改筑”，所以府城位置至此基本而定；到宋代，府城又一次北迁三百来米，才到了现在的汀州府城所在。

刺史陈剑到职之初的东坊口汀州府城，其形制相当简陋，外围防御很可能只是挖濠立栅，树鼓角楼以作警讯；迁至白石村后，在外围修筑后来被称为罗城的城墙，但作为府城核心建筑的子城，是在迁城 80 余年后的大中（847—860）年间，才由刺史刘岐所筑。子城位于府治外围，旧有双门，架谯楼于上。按《临汀志·名宦》所录“刘岐”事迹称：“（刘岐）大中初为刺史，距迁郡八十余载。更创之初，庶事未备，岐乃筑子城，创罗城敌楼。郡之壁垒于是乎具。”[①]

对位于长汀县左里、地名东坊口大坵头的旧府城遗址，宋朝郡守陈轩有诗纪之：

五百年前兴废事，至今人号旧州城。
草铺昔日笙歌地，云满当年剑戟营。

除府县同城的汀州城外，在长汀地界内还有一座城，因历史同样久远，名曰古城，即今之古城镇。古城在县西五十里，旧传王延政据建州称闽王时，筑城于此，以备江南兵。

① ［宋］胡太初、赵与沐：《临汀志》，长汀县地方志编纂委员会整理，福建人民出版社 1990 年版。

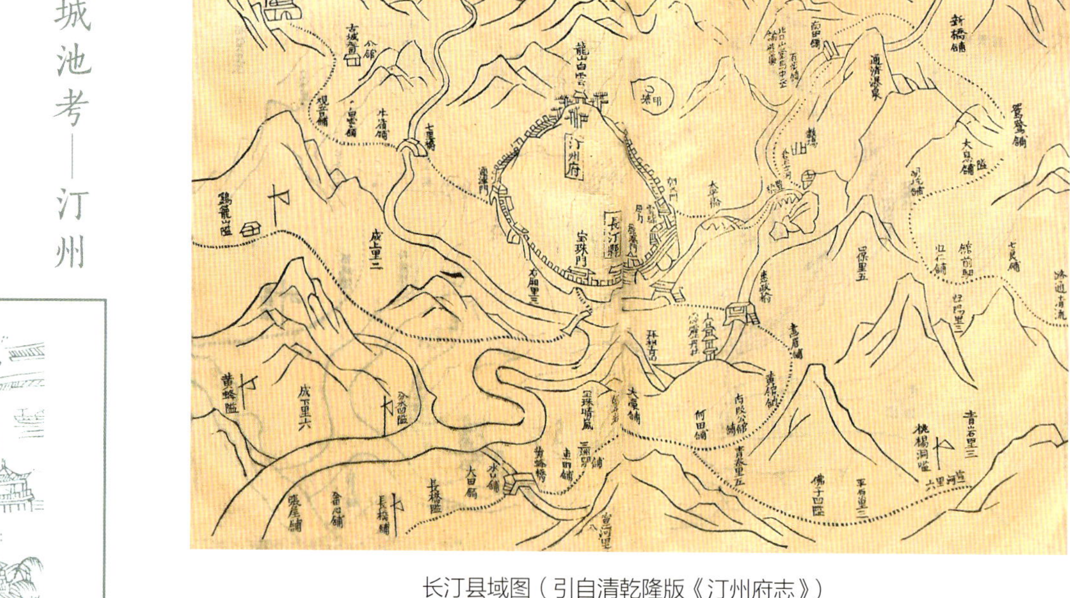

长汀县域图（引自清乾隆版《汀州府志》）

2. 宁邑一迁

宁化是汀州一府八县之中建置时间最早的。

宁化在府城东北，旧为黄连镇，以其地有黄连峒，故名。隋大业（605—617）末，巫罗俊在黄连峒筑堡卫众，远近争相依附，聚众伐木，运销扬州各地。唐乾封二年（667 年），始置黄连峒为黄连镇。开元十三年（725 年），由乡民罗令纪请求，升黄连镇为县，仍属建州。开元二十四年，置汀州，黄连县改属汀州。

黄连县的设立，是北方移民进入武夷山地后，招抚并汉化当地土著的成功案例。黄连之地介于福、抚二州之间，也是闽江主要支流金溪与沙溪的上游，早在三国时期，孙吴政权的统治触角就已经沿着这些溪流上溯至此。据旧传，隋义宁（617—618）年间，有刘、熊二道士在宁化县西四十里的升仙台（亦名香炉石）修炼，居人为创台，并肖像以祀。经济与文化意识形态的日益融合，使当地山峒之民走出深山，泛迹江河，在开阔眼界并获得共识的基础上，主动归附朝廷。

宁化县域图（引自清乾隆版《汀州府志》）

天宝元年（742 年），取“宁靖归化”之意，更黄连县名曰宁化，治仍旧镇。后梁开平四年（910 年），封王审知为闽王，汀州之地尽属王氏，虽奉梁、唐正朔，而命官设吏，皆王氏为政。后唐同光二年（924 年），始议改治，卜镇西之竹筱窝吉，乃迁县于今治。

按县志所载：“旧县基在县东五里，旧名黄连县治，今为民田。”黄连的开发溯源可至隋大业（605—617）年间的黄连峒，至唐乾封二年（667 年）置镇、开元十三年（725 年）升县，到后唐同光二年迁址（924 年），黄连作为古宁化的政权中心，经历了至少 300 年的时间。

迁址之后的黄连县址，在“黄连镇西之行篆窝”。新县址四面山峻水急，峰峦万叠，至县治则四围平坦，形如大釜，旁挹嶂岫，下瞰溪湖，称为形胜。新址“卜地称吉”，故迁址之后沿用至今。

城池在迁至今治时开始修筑，亦曰宁阳城，规模较小，周不及一里。宋端平（1234—1236）间，展拓到周二里有奇。宝祐二年（1254 年），圮于水。现在能够看到的宁化城墙，是明正德十六年（1521 年）之后修筑的。

3. 杭川五迁

汀属八县中，除立州之初的长汀、宁化二县外，开县较早的当数上杭、武平两县。与宁化相同，上杭和武平也是由场、镇升格而成，其中上杭场设于大历四年（769年），武平则是在唐开元二十四年（736年）所设南安、武平两镇基础上，于南唐保大四年（946年）时并两镇为武平场。宋淳化五年（994年），上杭场、武平场同升为县。

上杭场于唐大历四年由刺史陈剑析龙岩县的湖雷、下保之地而设，最初的行政中心位于今永定县城东四十余里处。南唐保大十三年，徙上杭场于秫梓堡，在今永定县东北六十里。宋淳化五年，升场为县，割长汀南境隶之。至道二年（996年），徙县治于白沙里，旧曰鳖沙里处；咸平二年（999年），徙语口市，东去鳖沙不及一里；天圣五年（1027年），复徙钟寮场，在今县西北二十里，其地坑冶大兴，商旅辐辏。乾道三年（1167年），依县令郑稷所奏，迁来苏里之郭坊，即今治所，之后再未改变。

从开立上杭场之初的湖雷下保，一迁，至秫梓堡，并在此升格为县；二迁，至鳖沙里即白沙里；三迁，至语口市；四迁，至钟寮场；五迁，至郭坊即今址。因此，上杭场、县的治所，至少经历了五次的迁徙。

上杭场、县在各处设治的时间都不太长，其迁徙路线大略是从西南向东北，即沿汀江下游的永定河流域向上游方向移徙。设上杭场、县的原因，应该与龙岩县从汀州析分出去后汀州东南区域的管控需求有关。除唐大历四年（769年）至南唐保大十三年（955年）间上杭场治的地点不太明确外，其后面五次迁移的时间和地点大致清晰，即：公元955—996年间，上杭场治以及升格之后的上杭县治设在秫梓保，即今永定县高陂镇北山村，头尾共41年（含迁入及徙出的当年时间，下同），其中作为县治的时间是2年；996—999年，徙鳖沙里，即今上杭县白砂镇碧砂村，设县治时间仅4年；999—1027年，徙语口市，即今上杭县旧县镇全坊村，设县治时间29年；1027—1167年，县治徙钟寮场，即今上杭县才溪镇荣石村，

上杭县域图（引自清乾隆版《汀州府志》）

历 141 年；1167 年至今，县治迁来苏里之郭坊，即今上杭县临江镇，至今已历 850 多年。

有关治所频频搬迁的原因，应当与管理的需求及周边的环境改变有关。如第四次迁往钟寮场，主要是因为“其地坑冶大兴，商旅辐辏”之故；而第五次也是最后一次迁治，有明确记载，是时任上杭知县郑稷认为“县治四迁，屡经残劫，皆治非其所”。同时，最后的这次迁徙奏请过朝廷核准，之后也就不再轻言迁城了。

就城池而言，上杭场以及迁至今址之前的所有县治，均未筑造城墙。经调查，秋梓堡位于永定河边，现尚存西门城壕和码头一座；钟寮场的外围，则有立木及垒土的痕迹。上杭县治的城墙，是乾道三年（1167 年）徙至今址后，又过了 67 年，到端平元年（1234 年）才由县令赵时钺开始用茅竹围建城池，周围仅 160 步，并挖掘护城河。宝祐二年（1254 年），县令潘景丑以石筑城。一直到了明成化二年（1466 年），知县胡钺扩建城池，砌以砖，历六年之工，始成现在之规模。

4. 武平三城

武平县境与江西安远县、会昌县相接，南面与广东程乡县相邻。武平是福建境内地接三省的两县之一，另一个为闽北的浦城。

武平县名之由来，按清康熙版《武平县志》、乾隆版《汀州府志》，均称武平“以其地坦彝、人尚武”而得名。但民国版《武平县志》认为，其名称与清代全祖堂《经史问答》中所记之“南海境中有地名南武，……近于今之汀”的记述有关，是在“南武”两字下面分别添上安、平，遂成最初的南安、武平二镇。

唐开元二十四年（736 年）初置汀州时，在府城西南方向设置了南安、武平两处重镇。南唐保大四年（946 年），闽王王审知将南安、武平两镇合并，统称为武平场，场治设在武溪源（今中山乡）。宋淳化五年（994 年），升场为县，析长汀县西南境隶之，称武平县，属汀州。

按民国版《武平县志》载：“邑中之城有三。所城筑于明初，岩城筑于明季；县城旧为武平场，在武溪里，即明初设千户所之地。宋淳化五年，就场升县。其后迁今治，不详何时。”

武平在升县之后，将县治从武溪源迁至现址。升县之后，又过了近140 年，于绍兴（1131—1162）初，始创筑土城。

明洪武（1368—1398）间，山寇窃发，汀州卫指挥黄敏提军剿捕，之后驻守武平。洪武二十四年，在县治西南二十五里武溪源设千户所，始筑城以卫，周围二里百八步一尺。洪武二十八年，本卫指挥李虎甃砌以砖。嘉靖十九年（1540 年），漳南道侯廷训增筑新城，顺治（1644—1661）间知县朱之焜，康熙（1662—1722）初知县刘昈、署令赵良生，先后重葺千户所城。

武平地处三省之界，汀梅之间群山万里，岩窦玲珑，防御及治安形势尤为严峻。除上述两城外，武平还有第三座城，即位于与广东交界之处的岩前城。岩前城在武平南六十里，周边岩洞幽广，崖壁森立，如拱如揖。

武平县域图（引自清乾隆版《汀州府志》）

明崇祯（1628—1644）间，广寇剽掠，由巡道顾元镜创筑，周四百二十丈。明王阳明有《岩前剿寇班师纪事》，曰：

吹角峰头晓散军，春回万马下氤氲。
前旌已带洗兵雨，飞鸟犹惊卷阵云。
南亩稍欣农事动，东山休作凯歌闻。
正思锋镝堪挥泪，一战功成未足云。

5. 清流归化

入宋之后，除了从场、镇升格为县的上杭、武平外，随着人口的增加，汀州各地也开启了析县而治的进程。其中北面的宁化一县因境内疆域广大，地形高峻，且处于汀州通往省城的必经之地，出于政权治理及安全管控的需要，先后于宋、明时期分出清流、明溪两县，分而治之。

清流的设置与其地处驿道之上密切相关。北宋元符元年（1098 年），提刑王祖道前往汀州府城，途中憩于本县麻仓团里之清流驿亭，爱其山水明秀，因谓长汀、宁化壤地旷远，奏析本县六团里，并长汀二团里，置县；以“溪流回环清澈”，故名清流县，治设坊郭里。

设县之后，因为地僻人稀，绍定元年（1228 年）时，清流被撤销县级建制。但撤县时间不久，仅仅 43 年之后，在元朝的至元八年（1271 年），恢复县级建制。清流与宁化的关系极为紧密，虽有分合，但风月一体，人员往来一家。1959 年 2 月，宁化、清流一度合并为清宁县，但 1961 年又分为清流、宁化两县原建制。

清流县域图（引自清乾隆版《汀州府志》）

清流置县之初，未有建城的记载。宋绍兴（1131—1162）间寇扰，县令郑思诚鸠工筑子城，周二百丈。元末，陈有定因山南之险，广其故址，垒石为城，高丈余。

至正十六年（1356 年），农民军曹柳顺占据清流县城为乱，本邑麻仓人陈有定起义兵讨平。至正十九年，陈友谅取邵攻汀，转掠将乐；元廷授陈有定为汀州路总管，御之，所陷郡、县皆复。之后，陈有定迁行省参政，悉有八闽地。纵横于乱世之中的陈有定曾著有《送赵将军》一诗传世，曰：“纵横薄海内，不惨别离颜。几载飘零意，秋风一剑寒。”明洪武元年（1368 年），陈有定被明军所擒，不从而死。

明正德四年（1509 年），知县林湜扩筑清流石城，周四百四十丈，此后一直沿用。

明溪界于清流、沙县、将乐之间，本清流县之明溪镇巡司。明成化六年（1470 年），同知程熙以明溪之地当将乐、沙县、宁化、清流之交，“地旷远，民梗难治”，请于巡抚滕昭，奏准析清流县的归上和归下里、宁化县的柳杨和下觉里（含泰宁县沂州一带的村庄）、将乐县的兴善和中和里、沙县的沙阳里合置归化县。

明溪立县之时，定归化为县名，是因为“有古归化地在其中”及归顺朝廷之意。其中的古归化地，应当是指早在唐肃宗乾元二年（759 年）曾析原绥安县地分置归化、黄连二镇，其中归化镇即今泰宁，包括明溪沂州一带。归化县名一直沿用到 1933 年，因与绥远省归化城同名，始改名为明溪县。明溪之由来，是因境内的渔塘溪将城区分成大小阜，两阜相对如“明”字，故更名明溪县。

明溪在立县之前原有子城，位于县城西南，元陈有定筑砌，基址尚存。明陈甡有《吊陈平章故址》诗，纪念陈有定，曰：

铁戟金戈战未休，犹余浩气在峰头。
千群鼓角空残垒，一望山河只故邱。
落日悲风闻勒马，荒原野燹忆焚牛。
可怜胜国孤臣泪，洒向明溪作水流。

明成化六年建县，正德九年（1514 年）由知县杨缙开建城墙，正德十二年完成，城周七百六十余丈。

嘉靖三十七年（1558 年），知县杨一昂增高城墙；三十九年，知县章宗实修筑四门月城，并挖掘护城河。明代王世懋对嘉靖三十九年的修建城墙之功稍有记录，摘录于下：

归化，故将乐、清流之间聚落也。以远邑，民好梗不治，乃始创

两邑而城。以故，其城郭所凭临，堂皇所盖藏，率多仍民间陋，不得视他岩邑。会嘉靖末，广寇流毒赣、汀间，所过城邑，独意轻归化，谓可攻。遂围之一月。侯（知县章宗实）率吏民乘城固守，竟不可下，围遂解……

明溪县域图（引自清乾隆版《汀州府志》）

6. 连城永定

与清流、明溪的情形类似，汀州东南侧的连城与永定两县，也是在宋、明两朝之时，分别从长汀、上杭析出，另置为县。

连城在宋以前为长汀县辖地。宋元符（1098—1100）间置莲城堡，仍属长汀县。绍兴三年（1133 年），长汀县尉虞观提请汀州知事郑强称：“比尝摄尉长汀，窃见其境阔远，有地名南北团，去县三百余里，弱者难于赴诉，强者恣其剽掠，居民商旅，皆无聊赖，乞于其地分一县。”准，敕置县。郡守郑公强度地之宜，析长汀县古田乡两个里（河源下里、表正里）四个团（北团、南顺团、姑田团、席湖团）置莲城县，以县驻地莲城堡得名。据《读史方舆纪要》，莲城堡之名，得之于县治以东的莲峰山。旧志云：县西一里有莲塘，泉水所潴。县东北又有莲花潭，文溪下流也，旧以此名县。

连城县域图（引自清乾隆版《汀州府志》）

元至正六年（1346 年）改名连城县。“莲城”改名“连城”的时间，在《福建通志》中记作是至元十五年（1278 年），而民国版《连城县志》记为至正六年邑人罗天麟、陈积万起义之后，以讨平草贼罗天麟于此，故改“莲”为“连”，取去草之意云。

县城城墙建于南宋绍兴五年（1135 年），由知县丘钦若首建，筑土城三百丈。明正德四年（1509 年），知县蒋玑增筑土城至七百余丈，并在四周围筑木栅栏。正德九年，改土城为砖城；正德十四年，加固、增高城墙至一丈七尺。

永定县在汀州府城东南三百里，与广东大埔以及龙岩、漳州交界，

永定县域图（引自清乾隆版《汀州府志》）

自上杭设置场、县以来，一直归属于上杭县地。永定僻居万山中，民众为生计所迫，往往铤而走险，恃险乐祸。明天顺六年（1462 年），上杭县胜运里爆发号称“白眉”的农民起义，后溪南里又爆发以钟三、黎仲端为首的农民起义，啸聚劫掠。事平之后，成化十四年（1478 年），福建巡抚高明以永定之地去上杭县治绝远，“山僻人顽”、“地险民悍”、草寇屡发，必须“镇抚化导”为由，会同福建承宣布政使司、福建都指挥司、福建提刑按察司上奏朝廷批准，析上杭县胜运、溪南、金丰、太平、丰田等五里十九图地置县。治于溪南田心，取“永远平定”之意，定名永定县。

县城城墙于明弘治七年（1494 年）也就是建县 16 年后开始兴建，到弘治十年建成。据乾隆版《永定县志》记载，城墙形势“半挂山巅，半垂平麓”，周围长七百六十六丈六尺，条石为基，陶砖砌墙，极为坚固。

二、傍山环水

汀州地处闽西，满目所及，多属大山与急流，可供选择筑城的地方并不太多。但处于闽、粤、赣三省相接之地，千里之内，山重水迅，因而山寇滋蔓。忽闻寇警，或闻风骇窜，或合邑戒严，由此诞生了数量众多的大小城寨。

州域范围之内，满目皆山，水则弯曲多险。山区时常淫雨涨发，桥梁陷损，城之未经修理者与沿河一带俱崩。寇患、水灾交怵，使汀州之城池常需大修。所谓“殷忧开圣，多难造邦；嗃嗃以兴，嘻嘻以败。宇曰多故，君相焦劳。百司庶尹，视力奉职。余衡茅贱士，亦不爱顶踵以少效涓涘。用能转危为安，弭灾致祥，未必非兴者，机也”。

汀州崇山复岭，平地极少，有限的平地要留为耕作之用，所以城池大都依山近水而建。山水城池的最大好处，一在防御，二在节省成本，但是因为地形变化较大，所以城池多呈不规则的形状。从汀州一府八县的城池类型看，与山、水两大要素都有紧密关联，傍山环水成为汀州城池的主要营造模式。

汀江之源（龙门段）

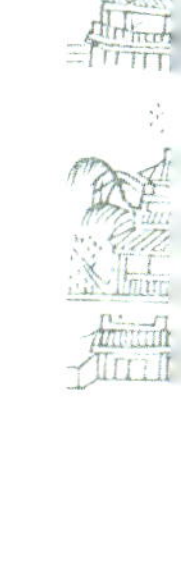

汀州城池选择背倚山坡高地、面朝弯曲之水的有利地形修筑，“以山为靠，向水扩郭”成为汀州城池千年延续、日益壮大的经纬主线。

1. 长汀千嶂

汀州府治所在，地势平衍，方圆数十里，而卧龙山突起平地中。府城半壁高挂其巅，鄞江绕于左，西溪抱于右，二水合流，绕出丁位，南走潮海，西下豫章，为形胜之地。“一川远汇三溪水，千嶂深围四面城”是宋代陈轩对汀州城池形势的点睛概括。

诗中的“一川”，即汀江。汀江又称鄞江，在府东南，一名正溪，又名大溪，或谓之左溪。发源于宁化县，历湘洪峡，又南至府东东庄岭，汇为潭，分流为二。又南至高滩角，复合为一，南流经上杭县，达潮州府大埔县，会三河水入海，亦谓之汀水。旧志云：“天下之水皆东，唯丁水独南，南丁位也，以水合丁为文。西溪在县西，源出大原，过杉岭即七里桥，至南拔桥。”

龙门峡，在县东北四十里，地名含前，石洞盘屈深窣，中间一峡，顶镌龙门二字，峡底汇潭，水色沉碧，峡内有溪。乡人贸竹木者俱从峡出。《高忠宪日记》云：“汀水之源在北，水俱南流，势如壁立，过大姑绝险处，舟下一滩，则入白浪中，裹而复出，直至峰头趋陆，即抵潮州矣。”旧志云：“府南有五百滩，自汀抵潮，滩险有五百之数。”

卧龙山，府主山也。偃卧如龙。旧志云：府城四面皆平田，就中特起一山，高数十丈，广五六里。北面峭壁矗起，其南派为九支，形如九龙，蜿蜒蟠曲。一名九龙山，又名无境山。山之左支为横冈岭，右支为西峰，俯临津门。按旧志云，山脉分于赣之宁都虎头山，历石城，过瑞金界石含渡脉，由长龙温地翠峰狮岩，直渡横溪而来。东山在城东县学左，为卧龙山之首，又名龙首山。

南山，在府南三里。屹然如屏，巅为朝斗岩，缘石扪萝而上，俯视城市，尽归目睫。屹然如屏，青葱可爱。宋时左翼军驻扎，寨在其下，故下名南寨。山之东接拜相山，俯揖卧龙，如人相拜。山隈有霹雳岩，宋元祐（1086—1094）间，迅雷震开，遂成岩洞。府南四里有圆珠山，当鄞江、西溪二水合流之口，形如珠圆，一名龙珠山，俗呼宝珠峰。

汀州府城初为土城，西北负山，东濒河，南据山麓；大中祥符（1008—1016）初，刺史刘岐创敌楼一百七十九间。宋治平三年（1066年），守刘均拓而广之，周五里二百五十四步、高一丈八尺；浚三濠，深一丈五尺，西引南拔溪水，流东以绕之；辟门六，东曰济川，西曰秋成，南曰颁条、鄞江，东南曰通远，东北曰兴贤。绍兴（1131—1162）间，赣卒叛，守黄武增修雉堞。隆兴元年（1163年），守吴南老又增修敌楼五百一十五间。

明洪武四年（1371年），卫指挥同知王珪塞颁条门，改济川为丽春、秋成为通津、通远为镇南、鄞江为广储、兴贤为朝天；周城包以砖石，城北卧龙山巅创总铺一、窝铺八十一、雉堞一千一百九十五、箭眼八百一十四。弘治十二年（1499年），卫指挥张韬建广储门楼，第二年又建丽春门楼。初，知府吴文度以郡城内大半皆山，县治民居环列城外，议自通津门西去数百丈，逶迤而南，东讫济川一带，立城围之。以秩满去。嘉靖四十年（1561年），知府杨世芳始因前议，筑土为县城，向西、南、东拓展城池，周围六百一十九丈九尺，雉堞二千一百八十个；列七门，曰会川（后改挹清）、五通（后改环雁）、惠吉（今改正笏）、富有、常丰（后改宝珠）、西瑞、通金（今塞），周六百一十九丈九尺，堞二千一百八十有奇。隆庆四年（1570年），知县陈金陶砖包砌，然垣甚卑薄。

郡城镇南、广储二门，横赘在县城中。崇祯四年（1631年），增修县城，自挹清门至通津门，俱加崇阔，撤镇南、广储二门，盖合郡县为一矣。崇祯八年，增修东、西、北三面城墙。新增加的城墙，长六百七十五丈，高二丈；雉堞一千二百个，铺舍二十四间。崇祯十年，筑宝珠门月城，增扩惠吉门。

康熙三十六年（1697 年），知府王廷抡重浚旧濠。嘉庆、道光、光绪年间又进行过多次修葺。城墙总计周围一千二百八十三丈，高二丈二尺；雉堞两千一百一十个。

长汀城区图

2. 翠华宁阳

宁化县城北负翠华，南临大溪，有诗云："翠华凤凰在其北，五台笔架在其东，城门嶂南峙如屏，牛头山西立若扆。"因县治北二里处有山名翠华顶，是"邑之镇山"，所以宁化号称翠华。且因县治在翠华山之南、西溪之北，又有宁阳之称。

翠华山，县北二里。其山四时苍翠，县主山也。又凤凰山，在县北三十里，崇岗峻垅，蜿蜒不绝，形如凤翅。其地有灵隐洞，亦名洞源岩。又北曰陶峰山，峰峦峻耸，四面壁立。县北六十里又有牙梳山，以形似名，险峻扼塞，啸聚所凭。南山，在县西南十里。三峰相连，其中一峰特起，为邑之望，流水环绕其下。清王廷抡有《东华翠嶂》诗云：

层峦耸翠气萧森，蜡屐梯云曲径深。
峭壁远供青玉案，平台高傍白榆林。
松间古刹无人画，竹里新泉何处琴。
堞雉下观真似斗，清溪一线抱城阴。

大溪，在县城南。源分六派：其正西自赣之石城县堑岭来会；西南自长汀县界狐栖岭来会；西北自石城县界长放坑来会；此大溪之上流也；其东北自建宁县界台田岭来会；正北自苦竹岭至县北三十里之马家渡来会；正东自热水窑头至县东四十里剑潭来会，至县东之东渡与上流三派合为一溪，复折而东，至清流县，又东会剑江水抵福州入海。蛟湖，县北六十里。深不可测。又有柘湖，在县东北，其水四时不涸，溉田甚溥，西去蛟湖密迩。又有羊鸦湖，在柘湖侧，亦有灌溉之利。

旧城周二百八十步，门四，东曰连冈、西曰通赣、南曰道爱、北曰朝宗。宋端平（1234—1236）间，令赵时錧累石砌之，增筑城墙500丈，设上东门。改连冈为迎春、道爱为端平、通赣为通圣、朝宗为朝天。宝祐二年（1254年），圮于水。开庆元年（1259年），令林公玉以砖砌北门，架屋其上，使民得避水焉。明正统（1436—1449）间，两遭沙寇，垣墉划平。正德五年（1510年），知县周楹请筑土城。正德九年，邑民雷文琳等状言甓砖已久，知县何鉴以闻，得郡丞唐淳与鉴共成之。正德十一年砌筑砖墙，城周八百一十二丈七尺五寸，水门四、楼五、窝铺六十。万历二十四年（1596年）重建北门，万历三十年重建南门，崇祯元年（1628年）重建西门城楼。

宁化城墙北负山，三面临溪，常冲于洪水。据统计，自宋绍定（1228—1233）至清光绪（1875—1908）年间，城墙因战事被攻破12次，被洪水冲垮6次，天启元年（1621年）、崇祯五年（1632年）、崇祯十三年、顺治七年（1650年）、光绪二十二年（1896年）均作过较大规模的整修，耗费甚巨。明黄槐开有《修宁化城记》，记录了天启（1621—1627）年间的这次修城过程：

宁城筑于正德十六年（1521 年），滨于河者三百余丈。冯夷作虐，恒苦倾圮，随圮随修，修未已而复圮。是无异故，帑无余积，不得不借资富民。富民之黠者，每以赂免；即强以从事，亦苟简塞责，聊宽功令耳，辟聚沙而雨之，无怪圮不旋踵也。天启辛酉（1621 年）冬，长汀令郭公环洲摄治。亟筹修治，余不揣为陈末议，当道悉报可。未经始而彭公象石至，决意举行。时议支帑金三百两，公心计不给，遂捐俸首倡。甫期，而醵金千两有奇。于是鸠工督役，分区合作，自东门抵南，逶迤而西，筑滨河之圮者一百四十三丈，依山而圮者十七丈，雉堞之残缺而培补者数十丈，修马路二百余丈。经始于癸亥（1623 年）六月，告成于甲子（1624 年）十月。衡费数倍于前，课工不啻过之。第工浩费烦，中有将圮犹未圮者，欲并修之，诎于力而止。数年之后，不无厘贤守土忧耳。

宁化城区图

3. 铁城上杭

“襟三折之清漪，几七峰之苍翠”是上杭县城周边地理形势的写照。上杭县城位于汀江中游西岸“三折回澜”处，地势险要，南临汀江，北倚金山，西有石门嶂，东峙双髻山，加上城垣“高、大、坚、壮”，素称“铁上杭”。

金山，县西北十里，邑主山也。峦嶂巑岏，苍翠如画，一名紫金山。宋康定（1040—1041）间，常产金，因名。上有三池，名曰胆水，上下二池有泉涌出，中一池则蓄上池之流。相传宋时县治密迩，其地水赤味苦，饮则伤人，唯浸生铁，可炼成钢。后县治既迁，其水遂变，不异常水。山南五里，即旧县治之钟寮场。

七峰山，在县城北三里。七峰绵亘，翠丽可爱，形家谓上应北斗，又名七星山，为邑后镇。旧志云：县前溪南有横琴山，横亘溪前，平衍如琴，又名横琴冈。又袍山，在县南五里，县之前案也，亦曰挂袍山。为邑前镇，相传未立县时，有术者过之，曰：“袍山苍苍，朱紫盈坊。”乃迁县于此。

大溪即汀江，从长汀而下，合众溪入县境，会旧州语口水，至县治南山下过美女峰，萦回三折，环抱而出。又西折而南，经潭口直抵广潮入海。旧志云：“大溪中有莲花石，波涛汹涌，行舟毫厘失措，即至覆没。其上群石耸翠如莲花，在县南六十余里。又县西北三十余里有观音石，县南又有乌虎石，皆在大溪中。”

九曲溪，在县东北三十里，萦回九折，流合大溪。又黄潭溪，源出县东龙岩县界，安乡溪出县东东安岩，南宝溪出南宝山下。又有矾溪，出钟寮场东，与南宝溪合。场西又有新田溪，亦流入南宝溪。县北又有金山下溪，县西又有水埔溪，出武平县界。旧志云：“县境凡十余溪，俱流入于大溪。”

上杭县治于宋乾道三年（1167 年）徙至今址后，于乾道七年由继任知县陈朝章对县城进行全盘规划，根据地形特点，留三墩，开七井，合理布局署衙、庙坛、民房、水井、街巷、道路、排水沟。从东到西辟大街、中街和小街三条，以大街为主线，往南开十四巷通向南门城墙，往北开十七巷直通中街。宋端平元年（1234年），县令赵时钺始用茅竹围建城池。周围一百六十步，挖有护城河，转车激水，注为濠池，寻毁。淳祐六年（1246年），县令赵希绳重修城池，比原来小了一些。宝祐二年（1254年），县令潘景丑修筑石城。元至正（1341—1368）年间颓圮殆尽，摄尹郑从吉拓旧址复筑之，周围五百一十五丈，高一丈，开设七座城门，各门建有城楼其上。

明洪武十八年（1385年），邑人钟子仁作乱，知县邓致中修筑甫毕而贼至，民赖以全，久复圮。景泰三年（1452年），知县黄希礼复修葺。天顺六年（1462年），溪南阙永华乱，乃调汀州卫右千户所官军捍御其地。成化二年（1466年），巡按朱贤以城狭不足以居军，檄知县胡钺扩建城池，成化八年竣工。城周围一千四百二十四丈六尺，宽二丈；南临大溪，砌以石，高三丈有奇；东、西、北并甃以砖，高减于南三之一；濠广二丈，深半之；雉堞两千三百三十八个，铺舍三十三间。开设四座城门，东门“昭阳”、南门“通济”、西门“通驷”、北门“迎恩”；三座水门，上南门“兴文”、中南门“阳明”、下南门“太平”；各门建有城楼。砌造装卸码头，

城北巷道按元、亨、利、贞规划建设。明代柯潜的《上杭县新城记》记录下了这一次大规模的修建过程：

> 上杭为汀之属邑，旧号乐土，而无反侧之虞。正统己巳（1449年），沙、尤寇发，延蔓旁邑，而上杭被其害为尤深。时知县德庆岑嵩奏请筑城，以民力罢惫，不果作。景泰壬申（1452年），知县永嘉黄希礼申前请，得谕旨。于是，右布政云中石公瑁临视其邑，知县率邑人郑仕敬、林祖祯、孔文昌等二十余人，协心供事，以成保障之功。天顺壬午（1462年），溪南里愚民啸聚剽掠。巡按御史安城伍公骥、左布政使桐庐姚公龙、副使四明钱公琎、佥事丰城游公明同抚捕之。因民请，谓城郭宜守以兵，乃奏调汀州卫千户所官军捍御其地。成化丙戌（1466年），巡按御史六安朱公贤、右参政文江许公振、参议洛阳张公雄、佥事西蜀牟公俸、豫章刘公子肃，以城狭隘不足以居军，乃更斥大之。以知县古嵊胡钺任其事。丁亥（1467年），巡按御史剑江涂公棐，又委成于本府同知新安程熙、通判四明吴桓，而以邑人唐纪等二十余人佐之。继而右参政赵公昌、副使何公乔新、佥事周

上杭城区图

公谟、都指挥吴公杲，各出意见，经画其未备者，而周公劝督之力尤勤。遂以壬辰（1472 年）正月毕工，高广坚壮，邑人喜其可恃以为安也……

正德（1506—1521）年间知县谢浩、万历（1573—1620）年间知县李自华等，对城墙进行了几次修葺。崇祯（1628—1644）年间，知县卢跃龙增高城墙五尺，修筑了东、西、北三门，筑郭护之。

清康熙五十三年（1714 年），在兴文门以东再开设了“登瀛门”，至此共有城门八座。雍正（1723—1735）年间进行过修葺。乾隆八年（1743 年），知县史园修葺雉堞两千六百三十二个。嘉庆、道光、咸丰、光绪年间多有修葺。

4. 南武平川

武平境内，灵洞山、交椅山、石狮岭峙其北，化龙溪过其南。其山水环境在民国《武平县志》中概之为：“（武平）八闽山谷斗绝之地，湍驶浅涩，南走潮海，北流古虔，东注杭川，西会潮海，层峦叠蝉，龙脉盘延奔腾至县，左梁山，右冠荐，黄龙峙其北，笔架列其南。灵洞诸峰，献秀吐奇；化龙诸溪，合流环抱。三折而南，形势宏壮。”

灵洞山，县西十里。山有大洞三十六，小洞二十八，泉石皆奇胜，为洞天之一。有仙人跨马石、蛟池、汤泉、石龟诸胜，以及灵洞院、洞元观等，三石井旧传为葛洪炼丹处。

化龙溪，在县治南。一名南安溪，源出县东，流经此，又南合群溪水，入广东程乡县界。聚灵溪在城东，源出灵洞山，由西门流入，绕城东出，合化龙溪。鱼溪在县北，源出当峰岭，南会禾丰溪，合径口小溪，又南入化龙溪。禾丰溪在县东北，源亦出当峰岭。千秋溪源出梁野山，西流入化龙溪。

露溪，在县东北一里。一溪七湾，俗呼露溪七渡。引流而东，又北入长汀县界，曰大顺岭小溪，接七里河，入于鄞江。

顺明溪，出县西大岭下，西流至江西会昌县入大溪，大溪即贡水上源也。

武平在宋淳化五年（994 年）由场升县后，县治从原来的武溪源迁至现址。一百三十余年后，于宋绍兴四年（1134 年）由使相张浚修筑土城。周围二百八十步，开设三座城门，东门“永平”、南门“南安”、西门“人和”。端平（1234—1236）年间，县令赵汝滠重修，寻圮。元至正（1341—1368）中，县尹魏侃夫进行了修葺，保留了两座城门。明成化（1465—1487）中，知县李俊重修。明弘治十一年（1498 年），邑人兵部主事王琼奏筑砖城。弘治十三年六月，郡丞黄冕和通守刘渊始扩旧址，增筑砖城，至弘治十五年十月竣工。周围七百六十三丈，高二丈有奇；雉堞一千五百三十个，铺舍十六间；开设城门四座，东门“迎春”、西门“秋成”、南门“南平”、北门“北高”；东、西水门两座，以泄洪潦。崇祯元年（1628 年）春，山寇围城，知县巢之梁拒之，伐木列栅；寇平，增高城墙三尺。

清顺治十八年（1661 年），知县朱之焜修北门城楼，复颓。康熙十一年（1672 年），知县刘昈捐资重建南北二城楼，并于城西北要隘建官房一间、窝铺四十间，并修饰各城垛。康熙二十九年，知县裴振唐倡捐重修，将次巩固，遭赤冈民朱绍熹鼓众犯顺，未及竣工。康熙三十八年，署县赵良生以雉堞残缺，四隅私开小径出入，捐资整葺。咸丰二年（1852 年），知县陈应奎修城濬濠。

武平城区图

现存宋代建的南安门和部分墙基，以及东侧明代建的部分砖墙。南安门为石砌拱门，进深 9.5 米，宽 3.34 米。城内门通高 4.3 米，门洞高 3 米。城外门通高 6.32 米，门洞高 4.9 米。明建砖墙残段长 36 米，高 0.5~2 米不等。

5. 清溪环流

清流县治位于清溪的大回环处，形势极为险要。有诗云："诸山合作屏风立，一水环成几字流。"

龙山，在县治南。自长汀平原山分脉，蜿蜒而东，至此群峰高耸，起伏如龙。元季陈有定于此垒城屯兵，名南寨山。其最高一峰，谓之南极，顶上时有白云，遥望如匹练。旁有铜锣山、塔山，皆山之支峰。

屏山，在县治北，屹然突立，苍翠如屏，环拥县治，一名纱帽山。元陈有定屯兵于此，名北寨，上有七星石。宋邑令刘叙建亭其上，曰清高。旧志云："县东三里有东华山，悬崖峭壁，前有斗台，高耸入云，登台则景物皆在目中。"笔山亦在县东，层峦叠嶂，回环二十里，中耸三峰，一峰尤高。县西有西灵山，为县之右镇。七峰岩，在县南六十里，有七峰突峙，因名。

清溪，在县城北。其上源即宁化县之大溪。流经县西北高地岭，萦回五十里，澄清如练，南至县治西南，绕城环抱三折，经渔沧潭，下九龙滩入延平府永安县界。县东又有芹溪，源出归化县。东南有罗口溪，出连城县，亦谓之连城溪。经县东六十里，今有芹口、罗口，即二水入清溪处也。

清流城墙在宋绍兴（1131—1162）间由县令郑思诚始兴版筑，应为土城；为门四，东曰迎恩、西曰登瀛、南曰平陂、北曰拱宸。元陈有定广其故址，垒石为城，岁久湮圮。明正德四年（1509 年），知县林湜运石筑造，沿河城四百四十丈，寨上城四百二十余丈，每丈筑雉堞三，为门五，南二、东西北各一。正德七年，广寇窃发，署令戴旦疏通马道，甃砌垛眼，以便守御。又增设窝铺十有二、敌楼一。万历（1573—1620）间，知县蒋

清流城区图

育馨增筑。崇祯（1628—1644）间，知县邓应韬重修。后邑人光禄丞荚华先捐修马道，龙川县令伍仪捐铁裹五门。

6. 日月明溪

明溪即古之归化县，地处汀州通往福州的交通要津，有“临汀孔道，闽广通衢”之称。

楼台鼓角山为县之主山，在北向之县治后。数峰连属，中一峰高耸如楼台，其余峰圆者如鼓，长者如角。又南曰印诰山，山形高而平正；娥眉山，在县治前，群峰连络，中一峰正对县门，若娥眉然。

明溪，在县东，亦曰明江。上源出县西二十五里伍通凹，流至城西南黄溪头而始大，环抱治南，绕如腰带，曰腰带水，一名黄溪水。又东北流，崖侧有大小二阜，相对如明字，因曰明溪。

珩溪，在县东南。上源接明溪，中有石，沿渚夹峙里许，水从中出，谓之门槛石。又有翰溪，出县东北龙湖涧，引而南，与明溪并流入沙溪，东合众流入沙县界，亦谓之黄沙溪。县东三十里曰雷霆溪，自翰溪分流，沿渚十里，乱石巑岏，吼激如雷霆，流合于黄沙溪。布溪亦在县东南，旧志云：布溪接吉溪、沙溪之水，自县东七十里岩前渡汇流而东，入沙县界。吉溪，即永安之龙溪。

狮子岩在县东晏坊，与象山相持为邑水口，顶有塔。滴水岩在县北五里，上有泉水下滴，亢旱不竭；西有洞阔数丈，其石叩之有声；下有隐流数十里，世传仙人堂喷水坑即此水所出，一名玉虚洞。北斗岩在城西北五里，石山环抱，中平坦，有庵，有池，岩畔有观音阁。凤凰岩在县东龙湖，有石如飞凤。

县城设于明成化六年（1470年），初无城池，公署民居夹于溪涧。正德九年（1514年），知县杨缙创建，正德十二年完成。城周七百六十余丈，高一丈三尺，厚七尺，为门四，东曰东乐、西曰西清、南曰南安、北曰北泰，南北水关二、敌楼三、窝铺二十有四、垛眼一千六百有奇。嘉靖三十七年（1558年），知县杨一昂增高城墙五尺。嘉靖三十九年，山寇攻围数旬，知县章宗实修筑四门月城，浚月池即护城河以捍之。万历二十八年（1600年），知县陈文辉和陈宪章相继修茸了南北水关。崇祯五年（1632年），知县杨起鳌修建东、西敌楼，修葺南水关。崇祯十七年，知县吴国斗修葺城池，增高城墙二尺。

明陈甡撰有《归化吴侯修城纪功碑》，对县城形势及崇祯（1628—1644）年间的修城经过记录如下：

> 国家所以安民捍患者，唯是城守之为兢兢。故幸无事，则井庐闤闠错处其间，关门之司，讥察唯谨；一日有事，则率尔精锐，朝夕乘城，以御暴客。盖百雉言言即井堙木刊，可恃无恐此金城汤池。王公设险以守其国，岂顾不借重也哉？余邑属新设，厥有城所自来矣。顾地脉自南而来，稍折而东北，一小溪界之城，延袤三四里，而溪实在其中。故四闉都外乃更有两关，云其为城守。视他邑势颇分、力颇艰，即其规制尤不可不详且慎也。先是岁在辛未，邑令杨公已取城垛两关葺修之，更增敌台，稍称严镇。未几，关门复为涨潦所冲，城垣且多颓圮。辛巳秋，楚中吴侯甫莅任，巡视之余，慨然曰："兹百雉之城耳，

明溪城区图

庳卑如斯，即一旦揭竿有警，若之何用戒不虞哉？”会上台有增修之檄，集诸荐绅、衿士、耆老佥谋之。凡厥工费，视图甲粮之多寡为差，计丈算尺，不淆纤悉。更遴九耆老、四义民为分理，而以青衿五生督课之。侯且心规意画，朝夕防护，拮据不遑，不三月间，而城功已告竣矣。适直指使者按汀，取道归化。侯请阅视之，顾见石垣云垒，粉堞星铺，两关二台，峦列峰耸，严城屹屹，实为一方雄镇焉！

清康熙二十年（1681 年），知县王国脉修葺。咸丰、光绪时都有修葺。1916 年、1922 年还进行过两次修葺。

7. 文溪连城

连城复叠万山之中，为舟车四塞之地。

蟠龙山，在县北，旧名后龙山。自清流丰山东南逶迤而来，至县境为奇石峰，复突耸而上为西宝山，又盘伏而南为三军山，下抵县历六十里，屹然拔起县后，为县治主山。旁有龙子冈。

文溪，在县治南，亦名清溪。源出县南百里金鸡山，与长汀磜合流至县，凡九折而东达于清流县界，亦谓之罗口溪，以萦回曲折如文字，故名。

莒溪，在县南百余里。源出龙岩县界山中，流入长汀县界，入于鄞江。萧坊、新泉诸溪，皆在县南，流入上杭县界，合于汀江。

绍兴五年（1135年），知县事丘钦若首次筑土城，周一里一百四十步，外有濠池。乾道二年（1166年），知县事杨立中加以修葺，建三座城门，东门名“朝宗”，西门名“腾骧”，南门名“龙川”，岁久颓圮。端平（1234—1236）中，寇乱，令米巨宏复筑，元末毁。淳祐（1241—1252）间，令罗应奇重修，并作瓮城，改朝宗为通京、腾骧为秋成、龙川为熏风，后复废。明正德四年（1509年），流寇窃发，知县蒋玑增筑土城七百余丈，并在四周围筑木栅栏。还修建城门六座，其中大城门四座，东门名“寅宾”，西门名“秩西”，南门名“安阜”，北门名“拱北”；小城门两座，东水门名“福汲”，西水门名“清泰”。并在城门上修建城楼。正德九年，改土城为砖城，共筑砖城墙七百七十余丈。佥事胡琏劝富民购砖瓦，分城之。先是，邑人知府童玺为部郎，疏请筑城，至是遂捐资为倡。正德十四年，佥事周期雍命县丞黄钟岳垒石为址，甃砖为垣，高一丈七尺；为门四，东曰寅宾，西曰秩西，南曰安阜，北曰拱北；水门二，曰福汲、清泰。嘉靖（1522—1566）间，建城楼六、窝铺三十。崇祯（1628—1644）间，知府唐世涵增高三尺。至此，县城墙基本定型。几百年来，城墙屡毁屡修，现尚存文川桥桥头一段约百米，呈东西走向。

明马森有《汀郡节推刘侯生祠记》，记连城当时之事：

临汀郡古为七闽，崇山复岭，控连延、邵，南通交、广，北达江右。连城为郡外邑，居闽、广之界，其地多荒林野径，榛丛茀草，为游寇渊薮。山谷不逞之徒，亦时纵剽夺。以故其民虽以时耕桑，亦习于战守，不忘备也。沙寇荡平之后，枹鼓久宁，邑无大警。近以倭乱，远迩戒严。嘉靖庚申以来，广寇张琏、萧晚等蜂屯蚁聚，四出劫掠，所经连城之界无虚月，掳人民，烧储积，侵扰无孑遗。辛酉之岁，民以大饥，死者相枕于道，其穷横者往往相聚行劫，而三隘为甚，良民束手无策。先是，汀州节推刘侯莅政期年，谳断平允，大有惠声。……

贼造冲车云梯以攻城，侯设奇以应之；贼买奸细为内应，侯复缉获之；贼又欲焚文川桥以延南楼，侯募壮士撤桥之近城者三座。贼计大阻。如是者旬日。时稻黄遍野，贼以余粮栖亩，恃必攻之势，而城内之粮仅数日。侯虑难持久，乃与乡官谢魁等画计，密令壮士乘夜入贼营，因风纵火。火猛风烈，官兵乘之，刺获过半，余悉宵遁。……侯乃周览城郭，增高城垣数百丈，增制窝铺数十所。又以城中缺井，乃疏要地，以通水泉。平定安集，民以大宁。侯于时值当有会省之行，曾未两月，市民罗三妹，隔川陈文、章上琴、马东山、徐姑塘、罗七，分水铺大和尚等相继作乱，邑中大震。幸侯回车，悉平之。……侯又虑清流有罗村之寇，永安岭后有土楼之贼，皆大为连患，因调三隘之兵以靖罗村，袭破土楼，以荡平东界。又复出赃罚，修葺所撤文川桥，以通往来。乃元戎会剿张琏，亦于时凯捷。当道题请奏功，奉旨优赏，赏千金加俸一级，时壬戌之九月也。侯三载考绩，将上天曹。连之民戴侯之功，思无报，乃相与鸠工治材，立生祠于县治之左，塑像以祀侯。

连城城区图

8. 田心永定

永定是汀州一府八县中最迟建置的县。明成化十四年（1478 年），福建巡抚高明上疏朝廷，析上杭县五里十九图地而置。有《题建永定县疏》，其文如下：

据福建汀州府上杭县申备，通县里老、耆民廖世兴等呈称：本县所管太平、溪南、金丰、丰田四里，相去本县三百余里，接连漳州、广东地方，凡干办一应公务，往复动经半月。又兼地僻山深，人民顽梗，平居则以势相凌，有事则持刃相杀。天顺六年间，李宗政等聚众劫掠乡村。今成化十四年，钟三等又聚贼杀人。实因地方宽阔，治理不周。呈乞转达上司，添设一县管理，使公事易办，强梗知法等因……会同镇守福建御用监太监卢胜、巡按福建监察御史史阎佐，并都、布、按三司署，都指挥同知等官郑贤等，参看得上杭县溪南等里贼情已息，贼党多擒，其余胁从之徒尽行招抚复业，与太平等里民心乐从，立县实为子孙保家之谋。万山中唯田心地势宽平，可以立县，足为封疆巩固之规。揆之制度，百里一县，今约计上杭县南北该三百余里，理宜添县。欲于地名田心开设县治，取名“永定县”；又欲于

地名三层岭开设巡检司，取名“三层岭巡检司”；又看得本地山多田少民稀，难设全县，乞敕吏部于旧任廉能相应官员中选除知县、典史、巡检、教谕各一员，前来创始。其医学、训科、阴阳、训术、道会、僧会，待知县到任以后拣选相应之人，起送赴部除授。但前项里分，民多贫窘，又有新招复业者。今创立县衙、儒学、巡检司、城隍庙并铺舍、医学等，衙门不取民间一钱一夫，俱会议于别项措置……

县治选在地名“田心”之处，周边形势如县志所称：“龙冈后峙，榜山前列，二水交流，一湖澄澈。”

龙冈山，在县治北，邑主山也。一名卧龙山。连蜷蜿蜒，形如龙卧。龙门山在县东，峰峦连属，盘旋秀耸，树碧云深；山之西麓为贵人峰，峭峻端重，为邑之左镇。印匣山在县西，顶平坦若印匣然，乡民尝避兵于此，为县之右镇也。挂榜山在县南，横列如屏，邑屏山也，形如挂榜，与学宫对峙。蠏余山嶂，县北八十余里。山势峻突，绵亘百里。林木茏葱，四时不改。上有石如马，民谣云：石马鸣，则有兵。成化十四年（1478 年），草寇窃发，太监卢胜令军士击而碎之。嶂下有新村岭，延袤十余里，又有三峰，萦纡起伏，南接卧龙山。

永定城区图

大洲溪，在县南。源出龙岩县界之大池，西南流入境，过县治西，折而南，入广东大埔县界，为小靖溪。又有文溪，在县东北六十里。县东百余里又有武溪，流合文溪而入大洲溪。县北又有金沙溪，出分水岭，亦南合大洲溪。旧志云：县北有磨石滩，滩石错立，水势澎湃。县南有箭滩，以水势如箭也。又有罗滩，以湍流回绕而名。县西又有憔滩，惊湍沸浪，言舟师至此颜色为憔也。

丰稔溪，县北九十里。源出龙岩县界，流入境，与上杭县黄潭溪合，又西南会跳鱼溪。旧志云：跳鱼溪出县蝌余山嶂，合丰稔溪，经县西境，合永安之大溪。又有汤湖溪，出黎袍山，流合跳鱼溪。

县城城墙于明弘治七年（1494 年）由知府吴文度创筑，至弘治十年功成。城墙形势“半挂山巅，半垂平麓”。基以石版，甃以陶砖，周七百七十六丈六尺。基阔二丈有奇，面广三之二；南临田，高二丈九尺有奇。北倚山，高减南十之一；内外马道，广一丈五尺，濠二丈余，深半之。为门四，东曰太平、西曰迎恩、南曰兴化、北曰得胜，各建敌楼其上。东、西、南三门内，左右各有盘诘所一间，周城建窝铺一十有六所。弘治十七年，知县陈济以北门岑旷可虞，塞之。

嘉靖三十四年（1555 年），知县许文献重修东、西、南三门城楼，并添设窝铺十一所；嘉靖三十六年，各垛俱增竹栅；嘉靖三十七年，于三城门增裹铁叶，横直施木楗；嘉靖三十八年，在北门砌砖处又填上三合土加固，祀玄武于楼上，匾曰“北门锁钥”。北门岭旷，城下无濠，钉苗竹钉，阔一丈，长三百丈，以防攀越墙垣。四月，西城崩塌十五丈，知县陈文献督工修复。隆庆二年（1568 年），知县陈翡鼎新西、南二门城楼。崇祯（1628—1644）间，知县徐承烈继修。

永定城墙自建成之日起，虽有兴废、增修，但所起作用巨大，“城卫之功于是为著……视他郡邑之圮于水、破于贼，亟治而亟坏者，址固而劳省矣”。

第三章　城邑与建筑

古之为国者，相地之适中及要害处建邑筑城，设官治政。建城的主要目的是为了守护一方，而占据着城邑内主要位置的建筑物，基本上都是“宅中御外”、与一邑民生之休戚利病息息相关的公共管理机构。城邑因为有了这些建筑以及建筑所赋有的公共职能，而最终成为各个地区的政治或军事、经济与文化中心。

明清两代的府州和县一级城市，实施的是行政首长专权制，故府署、州署和县署成为城池中最主要往往也是规模最大的建筑群。明清时期还制定了守巡道制度，在府州县建立省级两大职能部门（布政司、按察司）的派出机构，以便考核、监察府州县的情况。这些巡视或常驻地方的上级官员及办事人员为数不少，需要有办公的官署，因此即便是最小的县城，也会有“按察分司”“察院”等官署。

行政官署之外，府、县城中还有各类文教、恤政、礼制祠祀以及军事机构等，这些大小公共机构与设施坐落在城邑的各处重要位置，成为城池之内的主要建筑构成。在此之外，才是毗连式分布的商市与民居建筑等。

一、官署衙司

设置官署的目的，是为了各级官员的理政与生活起居，使其“临政则有地，退食则有居，处则有堂轩，出则有次舍，意何渥也。士大夫佩符绾绶，坐政事堂，思何以宣猷布德，息政宁民”。

府治、县治是地区行政首脑机关，包括知府、知县理政用的大堂、幕厅和他们的官邸、僚属的住宅、吏舍、谯楼（报时更楼，或称鼓楼）、监狱、仓库、土地祠等，形成全城中心建筑群。官员往往挈带家属，高级的地方官还自辟僚属，所以官署要按照前堂后寝、左右有吏属办公地点的方式来设计。到了明代，“命凡郡县公廨，其前为听政之所如故，自长贰下逮吏胥，即其后及两旁列屋以居，同门以出入，其外则缭以周垣”。即将原先居住在外面的属吏全部集中到官署内办公并居住，同时在办公与居住区之间设置墙和夹道予以区隔。清代基本继承了明代衙署的平面布局，但因为各级主官主要依赖更加私人化的幕宾，官署逐渐不再像明代那样整齐划一。

察院是监察御史院的简称，供御史来府、县驻节致政之用。其建筑形制有正门、仪门、正堂、穿堂、后堂、东西书吏房、吏舍、庖厨和皂隶房。税课司（局）即税收机构，府称司，县称局，设有大使及属吏。阴阳学是掌昼夜刻漏及境内灾祥申报的天文、气象部门，多设在府、县的谯楼上，府设正术一名（从九品）、县设训术一名。医学掌方药医疗及狱囚疾病事宜，府设正科（从九品）、县设训科各一人，常与惠民药局结合设置。僧纲司与道纪司是管理佛教与道教的机构，府僧纲司设都纲一名，道纪司设都纪一名（从九品），不给俸禄，也不建署，附设于某一佛寺或道观中。

卫、所等军事机构也会在府、县城内设置相应的军事衙署。卫设指挥使司，指挥官阶三品，品位高于知府（四品），其衙署规格相当于府治。所设千户，官阶五品，衙署有正门、仪门、正堂及吏舍等建筑，相当于县衙。在这些军事衙署之下，还设有教场、草场、军械库、粮仓、成造局（含制造军械的作坊、库房、官厅及金火元炉神庙）以及旗纛庙等设施。

1. 汀州府署

明代的官署一般分中、左、右三路，每路特别是中路建筑设有前、中、后三进。中路大门往往起楼置鼓，门外有颁布政令和宣扬教化的亭台，门前横街两侧多有牌坊状门楼（辕门）。大门与正厅之间设置礼仪性质的仪门，该门两侧在宋代以前会根据身份等级排列旗戟，故又称“戟门”。仪门内，在宽阔的大庭前竖立着刻有为官之道的“戒石”碑或碑亭；仪门前或后的庭院两侧有胥吏办公的厢房，以及收藏法规文件的“架库阁”、收藏军用物品的“甲仗库”和仪仗用具等的库房。官署的中心是主官处理公事的大堂，大堂后有过厅，或称“退厅”“小堂”之类，最后是主官及其家属居住的宅院。有的官署在宅院后面或左右建有游观的楼台亭阁和水池花木。官署的左右两路，除了副官和属官廨舍外，往往还有公馆、仓库、监狱等设施。

府治的正门为五间，与谯楼分开独立成座；仪门、正堂、后堂多作五间；属官的住宅增至七座，即同知宅、通判宅、推官宅、经历宅、照磨宅、知事宅、检校宅。有的府治内设有候馆，专供县级官吏来府办事晋谒时等候休息之用。

汀州府治在府城正北卧龙山下，唐大历（766—779）间刺史陈剑始建，宋建炎（1127—1130）间毁于杨勍之变，郡守陈直方、陈定国相继修造。绍定（1228—1233）间，李华平寇，辟而廓之，有道山楼、节爱堂、清心堂、双松堂、卧龙书院、东山堂，又重建谯楼。明永乐（1403—1424）间，知府宋忠修葺。弘治（1488—1505）间，知府吴文度创军器库，及清军、理刑二厅。同知章颀构龙亭库、洗月亭。嘉靖（1522—1566）间，知府邵有道建清风、集贤二亭，凝翠、议政二轩。万历（1573—1620）间毁。知府刘玉成建天一楼，仁育、义正坊，旌善、申明亭。崇祯（1628—1644）间，知府林联绶修葺大堂。

中为正堂，为穿堂，稍偏为知府廨；正堂两廊列吏六房；前为戒石亭，为仪门；仪门外东为嘉宾馆，西为土地祠，为福堂，监羁候所；又前为天一楼，楼下为大门；门外左为旌善亭，为仁育坊，牌额“保釐”；右为申明亭，为义正坊，牌额“师帅”。

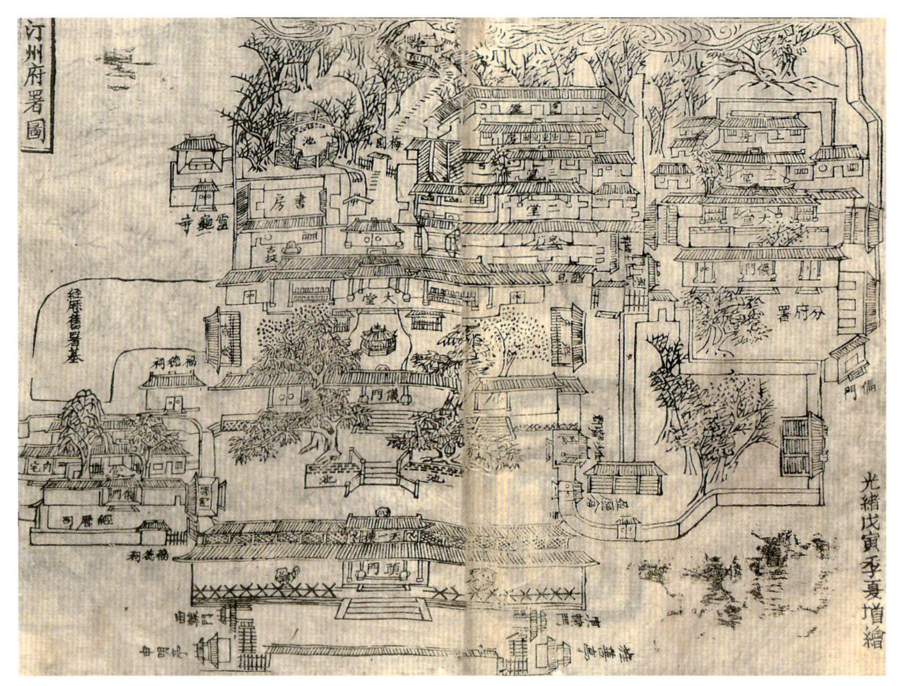

汀州府署图（引自清光绪版《长汀县志》）

2. 长汀县署

明代县衙的标准格局是：大堂三间，是举行典礼、发布政令、审理案件之处；左右两庑设六房属吏的办事处（东庑是吏、户、礼三房与勘令科等，西庑是兵、刑、工三房和承发司等）；大堂之前为戒石亭，亭中设戒石，刻皇帝颁赐的警戒地方官的铭语和“公生明”三字；戒石亭之前为仪门三间，新官到任，至仪门前下马，平时此门不开，上司到来才开此门迎接；仪门之前为正门三间，谯楼就设在正门之上，形成过街楼形式；正门外两侧设旌善亭、申明亭和榜棚，是揭示公告之处（旌善亭表彰善行，申明亭公布处罚、判决）；正对正门还往往设立牌坊和照壁。大堂之后有穿堂与后堂三间相连，形成“工”字形平面，后堂即所谓“退思堂”，供审理公事、退思商议之用。后堂之后是知县官邸（称为廨或宅），官邸两旁是三位僚属的住宅，即县丞宅、主簿宅、典史宅。在大堂两边的跨院里，还分布着吏舍、牢房、仓库、土地祠等建筑。

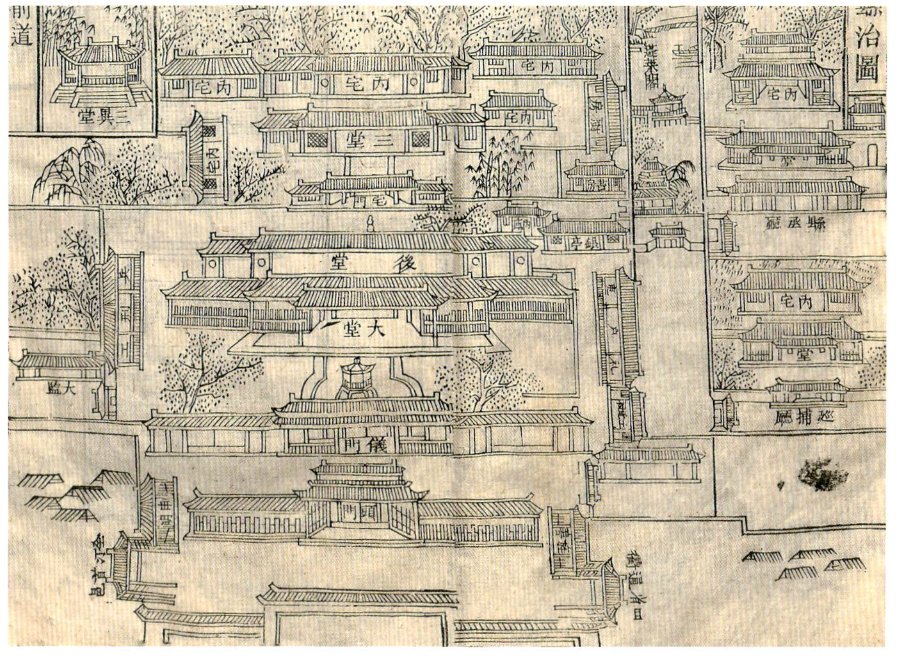

长汀县治图（引自清光绪版《长汀县志》）

长汀县署在府城南部，唐大历（766—779）间始建，宋建炎（1127—1130）间知县黄渥、嘉泰（1201—1204）间知县谢周卿、绍定（1228—1233）间知县宋慈等相继修葺。旧有如心堂、冉香亭、砥柱亭、蓬莱阁、道爱堂、弦歌书院、万雪亭，年久俱废。明洪武（1368—1398）间，知县孙庸重建。后毁于寇。景泰（1450—1457）初知县陈宗周、成化（1465—1487）间知县谢珪和县丞郑景华、弘治（1488—1505）间知县黄富、万历（1573—1620）间知县唐伟等均修建不一。

中为正堂，后为轩，改穿堂为后堂；堂右为西厅，左为县库；右为架阁库，东西序为房、科；中为戒石亭，前为仪门；门右为监房，门左为土地祠；又前为谯楼，为县门；门内左为寅宾馆，门外左为医局，为旌善亭，为四省通衢坊，右为阴阳学，为申明亭，为全汀首邑坊。

县丞廨在县廨东；主簿厅在县廨西，废为吏舍；典史廨在县丞廨前。

除府、县署外，汀州城内的主要衙署建筑还有察院公署、布政分司、按察分司、漳南道、总镇府、游击署等。守备署一在威远营，即旧临汀驿；

一在灵显庙左；一在真君庙东。

教场在东关外苍玉洞之偏，后为洪水冲陷。清乾隆十五年（1750年），知府曾曰瑛捐俸修筑，额其厅曰“安澜”。

3. 归化县署

归化即明溪县署在广济街北，原巡检司故址。明成化七年（1471年），巡道周谟建。弘治（1488—1505）间毁，知县王凤建。嘉靖（1522—1566）间复毁，知县曾迁重建。清康熙（1662—1722）间，知县王国脉修。

中为正堂，后为轩，为后堂；堂左为库房，右为册房；正堂左为赞政厅，右为清军局，为龙亭库；东西序为吏六房，东序背为监房，中为戒石亭，前为仪门；门左为寅宾馆，右为土地祠；又前为谯楼，为县门；左为旌善亭，右为申明亭。

县丞廨万历七年（1579年）裁，改广济仓；主簿廨废，改为仓；典史廨在县丞廨前。

明林文在《初建归化县记》中记叙了明溪县治的各处衙署府廨：

环百里为县，古子、男国也。县有令、有丞、有簿、有尉，同司县政，以教养斯民者也。分五土以养之，敷五典以教之。至于褒善劝义、察奸罚恶、平赋均徭、理争息讼，皆亲民之责也。……观察形胜，后峰高耸，前堂坦夷，四势环拱，一水潆回。首丙趾壬，龟筮协吉，为定县治之位。乃发漳建道之赃罚及在官公用白金数千余两，而郡守李公桓亦发属邑旧蓄赃罚，助为创造所需。至是，购良材，募良匠，伐石陶瓦，先构县治。其庙学、城隍、山川社稷、邑厉诸坛、藩宪公馆、驿舍、诸司，循序而成，皆北首南趾，各据其胜。以成化七年十月初三日兴工，至成化九年十二月二十八日告成。财出于公而用无虚费，力借于民而得其欢心。其规制简朴，工夫缜密，足为经久计。周公复谋于都阃吴公杲曰：“县治完而且美，不可无城郭以环之。”都阃公具疏，上又可其奏。次第具兴，皆周公之筹划也。……

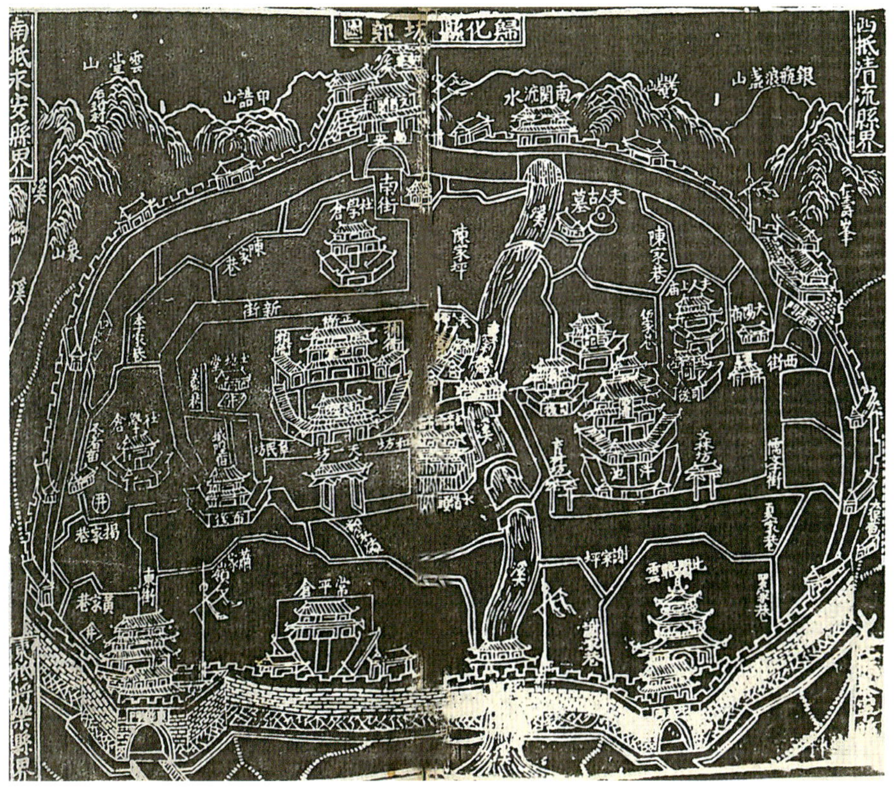

归化县坊郭图（引自明万历版《归化县志》）

4. 武平守备行司

武平县署在人和坊东。宋隆兴（1163—1164）间，知县王正国创。乾道（1165—1173）间知县赵赍、嘉泰（1201—1204）间知县赵善策、端平（1234—1236）间知县赵汝譪和田圭、宝祐（1253—1258）间知县阮逢午、元至正（1341—1368）间知县魏侃夫相继鼎建。明景泰（1450—1457）间知县周希贵、嘉靖（1522—1566）间知县张策、清康熙十年（1671 年）知县刘明、乾隆十一年（1746 年）知县章文暖相继修葺。

中为正堂，后为穿堂，为后堂；左为县库、仪仗库，庭中为戒石亭；右为监房，左为土地祠；前为仪门，为谯楼；门左右为申明、旌善二亭。

明林茂达著有《重修武平县记》以记之：

> ……市材于村落而偿其本直，庀徒于民兵而酬以岁科，以至陶瓦

苇竹砚砖，百凡所须，皆侯自擘画，不以扰武民。其民裕于财者咸乐相之，罔以为难。越三月而门成，十月而堂成。堂之东为积储库，赡国计也；西为兵器局，备戎事也。其后为燕休寝，其东为典史厅，其左、右隅为吏舍。门之外，右为旌善亭，风民良也；左为申明亭，达下情也；左之次为土神祠，右之次为丛棘林。其前为门楼，与后明远楼相峙。大都易败以完，缮故以新，饰漫漶以鲜美，宏敞巨观，翚飞云矗。甫期而就峻，而邑之制于是乎侈矣！夫政莫大于勤事，功莫大于临民，布法象魏，垂之周官；而攸跻攸宁，亦君子之所不废也。我国家稽古立法，而凡藩、臬、郡、邑莫不各有治所，以示肃也。然兴废成败恒系典守者之能与否；苟非其人，则循陋居圮，治亦因以落寞矣……

武平县治内，有漳南道公馆，位于县东；府公馆，在县前；驻防公署，在县治东。公署机构并不是太多，但因为守边任务繁重，特设守备行司，作为军事主官的驻节之地。明马驯著有《守备行司记》以记之：

安边莫大于守备，将帅必在于得人，此有天下者之大政也。……未几，廷议守备汀漳者，难其人，佥举侯可任。为授敕，得以都指挥体统行事，侯来，饰备训兵，威声振海隅，不一二年而边烽告息。既而镇守太监陈道、巡抚都御史刘公缨暨兵备佥事伍公希闵会议，以汀州武平居穷山绝谷中，南邻湖广，西接江赣，地僻民悍，而千户所孤城屹立于豺狼出没之冲，仓卒有警，谁与应机？乃具奏，以西侯驻节武平城，以控制之。命下，武平人自喜，以为复得一长城。于时有司奉例为侯创公署，汀郡吴公文度乃申命知事周琛为董，复委义官舒显才综理其务，而西侯亦身亲莅督之。相地于城东北陬，系百户丘崇祖址，割附仓官地以抵之。面离位阳，材坚度良，首事于庚戌秋，讫功于壬子冬。前堂后厅、仪门内外、厢庑左右、隶舍之属，莫不完具壮丽。语其前后赞助之功，则指挥李君智、王君升、县尹李俊、黄贯辈皆协相以周悉其美。既落成，郡守吴公扁其堂曰“筹边”，俾余记之。

余唯三军之司命在乎将，而将帅之雄武在乎威。堂署也者，以张国威而助主将之雄武者也。盖偏裨于此乎禀命，军师于此乎号令，计谋于此乎沉潜。所以疏瀹精神，培养正本，其壮丽非过也，宜也……

武平县城区古井

二、仓储恤政

仓储，供官府贮粮之用。有预备仓、便民仓、平粜仓以及东、南、西、北仓等。

惠民药局、养济院、漏泽园等都是官办慈善机构。惠民药局提供医药施舍，养济院负责收养孤儿和无人抚养的老人，漏泽园为收瘗贫民死无所归和无主尸殍的场所。三者虽属宋代城市建设的遗规，但明代实行更为普遍，在各地府治、县治都可以看到它们的存在。

1. 汀州恤政

除养济院外，汀州府城内还设有专门收养孤儿的育婴堂。育婴堂位于府城东北面，朝天门与“东翘舒啸”敌台间的城墙内侧。清吴华孙有《育婴堂碑记》一文以记之：

育婴堂，其设已久，载在著令，以待郡县民贫不能自子者，官为养之，不问男女。汀州旧格于费，独不能具。乾隆八年，原冀宁观察、今太守、海宁俞公下车之始，请蠲汀属盐例银贰千两以建育婴堂。抚宪周公上闻，制曰可。某月日堂成，官在汀始无不备之政，与诸郡县同法，如著令。明年正月，予试士至汀，公属为记。予谓：古者兽长麑麌，禽翼鷇卵，鱼禁鲲鲵，虫舍蚳蝝，以及山泽槎伐，忌于夭蘖。其敬物之始，而欲阜大之以成民用如此。矧含知负义，制材万物，中于天地之资；忍弃父母以无知，横殇死沟壑，以贼王者太和之理哉？传曰：“式负版者。”周官：“司民登数，王拜受之。”其年则自龀以上，非薄其下而不口，诚凛凛乎未成人之忧思无所不至，以图长之，父母之心也。我国家休养生民百余年，郡县吏岁时审丁，户口日增，然犹设堂廪孤，惧其不孳、殄瘁、夭阏，盖推不忍一夫失所之心及于童

长汀育婴堂（引自清光绪版《长汀县志》）

稚。古帝者相天地之政也。传曰“尧舜在上则民仁寿”，此之谓矣。俞公为汀，独能先意迎养太和，仰体圣明勤民之隐，兴废举坠。予于是叹民生是时者之幸，而俞公亦可谓古之遗爱者矣。书此置堂间，所宣上恩德，劝为吏者，而又使后之人知太守俞公之能成其善政者，由于廉以洁己，而推其惠心以及于物也。

民之大事，不外生老病死。官方设置的漏泽园主要针对无力收葬的贫民及无主之人，除此之外，也有不少修整无主坟茔的民间义举。清李梦箕著有《东壇镇塘记》，记录了当年对汀州东北城外因水浸崩塌的荒塚进行重新掩埋的事迹，原文如下：

邑城东枕大阜，阜之巅则山川之坛在焉，故名曰阜、曰东坛。有池焉附于城，广袤十有余丈，盖初筑城时取土，遂洼而成者也。是阜为埋葬之所，而环以外坟墓累累，而鳞鳞栉比，或重积而不可数焉。夫池水之所注也，年久日深，水所浸啮，土必崩圮，况当春夏之交，积雨涨溢，其崩圮益甚。故旁近坟墓莫不为水所漂没，棺启骸沉，岁甚一岁；及冬水涸，白骨如麻，杂出于泥沙、瓦砾间，见者罔不酸鼻。欲塞之，则以池为主置之，无可如何者历有年矣！一日，某聚众而议曰：“是池也，其为死者患大矣。然恻怛之心人所同具，过是池者尚为之伤心，况主是池者乎？抑犹有虑焉，池附于城，水之内溃，几及城址，亦非城之利也。协义募资，盍以利害白于邑父母，酬主者值，而出之，则胡不可唯我所为耶？”众韪其议，遂谒邑侯程公而呈之，公即命驾亲勘，不禁悄然伤心，曰：“嗟乎，人之身后不能保有一抔之土如是，是可悲也！夫骼胔之掩有文，而泽枯之仁莫继，亦宰是邑者之羞矣。”召业主，命众还其值，即兴工填之。于是，刻日计赀，具畚梮，召庸役，踊跃趋事，阅日而行者平，虚者实，流潦失其宅而冈阜完其体。不唯宅安泉壤，得永离暴骨之伤，而拥护城垣，亦可免覆隍之虑，其所系不亦大哉？工既竣，爰为纪其事，并董理、输助诸名于石，所以彰善行、示来世也。

2. 上杭义仓

民以食为天，户无粮则荒。粮食不仅是农耕社会里的财富标志，更是维持社会治安的底线。因此，汀州府县之中，都设置有数量众多的粮仓。以上杭县为例，其际留仓在县东北隅；预备仓一在际留仓，余在安仁、义合、崇福、白云、延福五寺中。社仓在县治西关，雍正元年（1723年）并增建各里图。义仓在县治东关。

明郑鉊有《重建上杭义仓记》，原文如下：

义仓之设，重民食，固邦本。凡天下府、州、县，各置之以储蓄，用济民饥也。上杭县之仪门右胜运里之卢丰，白砂里之华亭，丰田里之庆清寺诸处，向各置立，以便民之出纳。天顺壬午，卒遭兵乱，火其仓，墟其址，殆有十五稔矣。成化癸巳，贰守程侯熙谋于县令萧侯宏、丞陈侯清，请于上，鼎新之。凡为仓四。计劝郭鉴辈所输谷万有千斛，择邑人之贤者吴寿龄等十人典守之。适甲午夏亢旱，民苦饥，赖济以活。余目斯善政，固欲言之而未能，兹因典守者请，而告之曰：仁人爱民之心，造化之心也。古者三年耕必余一年之食，积之三十年则余十年之食，而民不阻饥，此万世之良法也。次而李悝之平籴，耿寿昌之常平，当今之义仓，亦良矣。然世之为吏者，以刻为威，以察为明，以储蓄为故事，苟罹岁歉，若秦饥而乞籴于晋，鲁饥而告籴于齐，专事其末，于爱民也何有？今安静不扰，体悉民隐，于废弛者修之，俾有储蓄之所，侯之功也；有余者劝之，致尽周急之义，侯之仁也。其爱民也至矣。苟更代者，知散不知敛；受代者，知出不知纳，则侯之惠难久而民无所藉。要必敛散以时，出纳无弊，使侯之泽自一世而衍千百世，永享太平之治可也。

3. 武平仓廪

武平的常平仓在县左，即旧预备仓，清康熙（1662—1722）间由知县裴振唐建。秋米仓在县治北，康熙间由知县侯七乘、赵良生重建。另有所仓、社仓等。

侯七乘于康熙二年（1663 年）履职武平知县，著有《修理县衙仓厫记》，对当时尚满目疮痍的县衙、城墙以及仓储等进行的一系列修建工作有详细记载：

平生不享成福，身过处便艾草焚蒿，作筚路蓝缕计。……余履任武平，始入衙，见衙东有楼房一所，前踦后跛，若将随风而圮，然犹可幸不及吾身见也。至堂后为居栖正址，茂草丛蔚，人迹罕到，所存破屋数间，上无全瓦，下无完柱，风雨攸注，鸟鼠攸穴，残檐断壁之下，过者视为畏途，盖止可戴月披星，未许上莞下簟者。已复循例登城，城周围七百七十五丈，高二丈五尺，计塌毁一百二十余处，每一处多者十余丈，少者亦六七丈有奇，通全城而计，则仅存之堞几于十无一二。及接交盘，见本县额载兵米三千石，旧有仓厫顿贮。变故以来，旧仓烧毁无存，上下相沿于今二十载，兵米悉皆寄贮民间，以兹军需大事，官不能目击而亲稽，但听二三书吏借张说李，舌数斗斛，口指千万。无论挪移乾没，弊孔百出。万一寇盗水火之不时，军士脱巾而呼，其何以应？余焦然忧之，乃集诸绅衿父老计议修葺，始后衙，继城垣，继仓厫，次第举行。衙后建大厅三间，左右各建小屋二间，耳门相望，分为别院，门窗、几阁、上栋、下宇，悉油饰而丹垩之。命四城乡约督率编户，鸠集土石，舍周城内外上下马道之塌者尽举而筑之；望楼垛铺之倾圮者，尽葺而新之。又遴二三公正董事，庀材在于旧仓处所，创建木仓二十间，上有楼，四围悉皆重壁。上建大堂一所，以为收放兵粮之地；旁建小屋四间，择人居住，以为监守计。自癸卯五月余方到任，七月有分校入闱之行，十月旋归，即始兴工，越甲辰三月而衙工竣，十月而城工竣，至今乙巳六月而仓工竣。……迨八月而先严讣音至矣。夫余以簿书小吏，远辞双亲，跋涉万里，就道之日，生离死别，惨动天地。莅任以来，寝不安席，食不甘味，功名性命都付之行云流水，亦何乐以土木之役而传舍作马牛？但此衙署、城垣、仓厫诸工作，事关切要，既觉无件可缓，而败坏已极，又觉无日可待，不识前之人何以能相沿至今也！今余谢事将行矣，自唯有生以来，从不能坐享成福，区区之劳，岂敢以功自居？但使后之令兹土者，居处有宅，守御有城，积贮有仓，享余之成，怜余之苦，而不笑余之多事也，则幸甚。

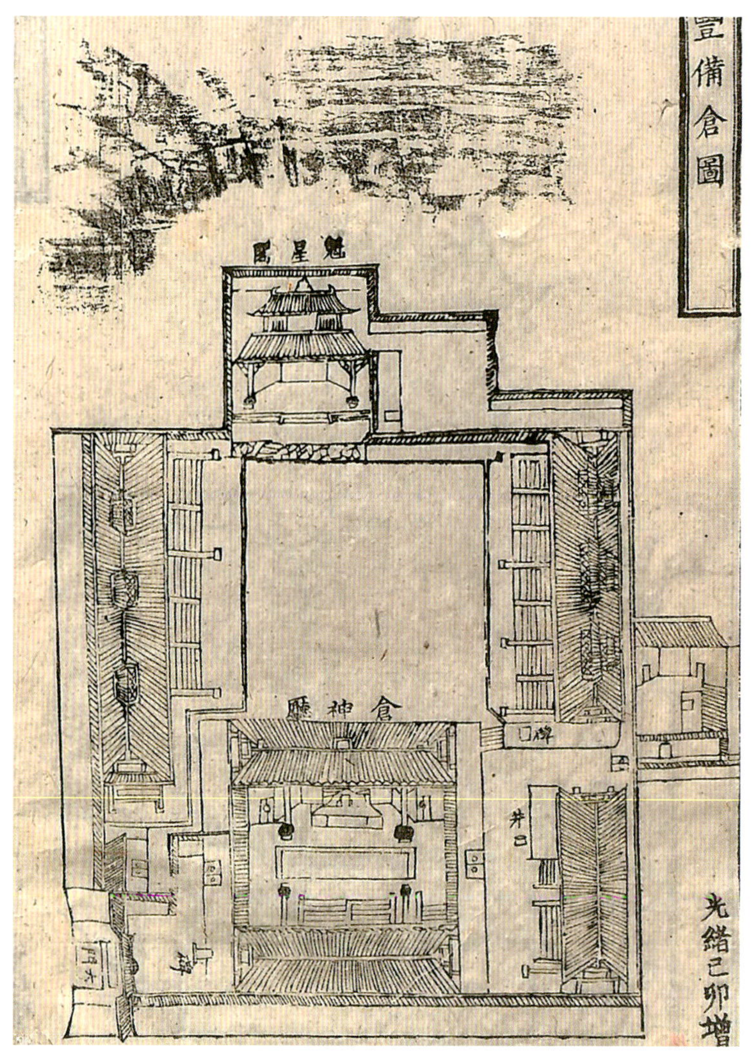

长汀丰备仓图（引自清光绪版《长汀县志》）

三、文治教化

中国历来崇儒重道，各地城池亦振兴学校，颁经书，定礼乐，文治聿昭；使士生其际，瞻拜宫墙，昭明轨物，畏神服教，上接正学之传。各类文教机构如府学、县学、书院等，往往都是城池之中除府县官署之外最为重要的建筑。

古者建城必建学，以明伦、育德、陈艺也。到唐武德（618—626）中，诏国学立孔子庙；元明时期，全国各地的孔庙属于国家祀典内容之一。庙附于学，与国学、府学、（州）县学联为一体。庙的位置或在学的前部或偏于一侧，其主要建筑的布局形制如下：

前设照壁、棂星门和东西牌坊形成庙前广场。棂星门前或棂星门内设半圆形水池，称为“泮池”，这是孔庙的一种特有形制。“泮池”出自周礼，按照儒家的解释，周代礼制，天子所立太学，四周环水，平面成玉璧形，称为“辟雍”。诸侯所立国学，水只环半圈，成半璧状，称为泮池（或半壁池），秦废诸侯分封之制，后世遂以州县文庙比拟诸侯而设半壁池。

棂星门之内是大成门。大成门俗称戟门，因为宋以后孔庙门列棨戟，故有此称。大成门内为大成殿和两庑。为了排列一百多名孔门弟子和历代贤儒的神主，两庑必须有足够的长度，这就形成了不同于四合院的廊庑院布置形式。大成殿的建筑规格常用五间或七间的重檐建筑。大成殿之后设启圣祠，明嘉靖（1522—1566）时诏令天下文庙立启圣祠以祀孔子之父叔梁纥，清雍正元年（1723 年）改启圣祠为崇圣祠以祀孔子五世祖。

以上是孔庙的祭祀部分。此外，沿庙宇的中轴线还设有学官视事和生员集会用的明伦堂（也有称明德堂者）、藏书用的尊经阁，以及“敬一亭”等建筑物。两侧则布置名宦祠（祀当地有政绩的地方官）、乡宦祠（祀本地出身的著名官员）和师生教学用房。

敬一亭是明嘉靖七年（1528 年）诏令全国文庙设立的一个新项目，目的是安放明世宗朱厚熜的御制《敬一箴》和范浚所作《心箴》并程颐所作《视听言动四箴》，刻之于石，立于亭内，作为天下士人的规戒和座右铭。

儒学之外，城邑之中还有属于私学或官民合建的各种书院，其数量多少，与当地经济、文化发展水平以及历任官员重视教育的程度息息相

关。书院的重要性，正如杨昱在《崇正书院志》一书的序文中所述：

书院者，宅名胜，居来学，以广国家兴道育才之意，官政之最善者也。盖自汉魏而下，宇内名胜悉为佛老所宫，吾儒无有之者。迨李唐，世儒或有宅胜读书，而书院之名以立。逮赵宋初，白鹿等四院方显名于天下。此后，二氏之宫或废，良有司每改为书院。岂徒竞其地哉？盖以名胜之区必幽，幽则可以凝志；必爽，爽则可以发神；有资于学也大矣。吾汀鄞江之阴，苍玉之岭，有地高尹蔚宛，亦郡之胜也。旧有浮屠之居在焉，《图经》所谓东禅寺是已。嘉靖庚戌，僧徙寺废。仁和华山陈公，适领郡符至，乃遍请允诸司改为崇正书院，扁其堂曰“明德”，以聚讲课；傍建号房若干间，以居诸生。因堂左之室颇高杰者，修饬为“三贤祠”，崇祀郡人晦庵高弟杨淡轩，而溯及朱子；又以文山尝建纛于汀，亦取埒祀之。既落，集郡九庠高第诸生，使藏修游息于中，籍其田以供具之。政暇必躬诣讲改启迪。由是士争濯磨，骎骎日知向往。复惧创置之实久或湮也，乃次其修建之由，庐田之数，立教之法，掇淡轩之诗文与朱、文二先生作之关是者。

1. 汀州府学

汀之学创于宋天圣（1023—1032）年间，历元明屡有建置迁移。

府学即汀州府儒学，在府治东，卧龙山麓。宋咸平二年（999 年），创文庙于鄞江门内横街，未有学。天圣中，因庙始创学，迁于横岗岭下。崇宁（1102—1106）中，郡守陈粹又迁于兴贤门内。绍兴三年（1133 年），郡守郑强改移今所。嘉熙二年（1238 年），郡守戴挺、教授张实甫就学左射圃地，创文会堂，分中前后为三斋，建楼其上。郡守姚元特相继修葺。教授萧虞韶市民地广其基。开庆元年（1259 年），郡守胡泰初重建大成殿明伦堂，御书、稽古二阁，浚泮池，作石桥，创祭器库及斋舍门庑。明永乐八年（1410 年），知府宋忠重修。成化八年（1472 年），都御史张瑄、知府李桓增拓学地，徙文奎阁于东偏，移明伦堂于阁旧基旁，创志道、依仁、据德、游艺四斋。成化十五年，提学周孟中始置乐器，教乐舞。岁久殿坏。弘治元年（1488 年），知府吴文度重修，建棂星门、省牲所、堂前仪门五间、书楼七间。弘治七年，同知章颀创膳堂及训导衙。弘治九年，吴文度重建桥道石鼓。正德二年（1507 年），知府蔡余庆建乡贤祠于殿后西偏，建名宦祠于殿前西偏。嘉靖五年（1526 年），通判毛公毅、杨太古重建棂星门。嘉靖十年，诏易像以木主。嘉靖二十七年，知府马坤重修。万历十九年（1591 年）知府万振孙、万历三十七年知府李自芳修葺。崇祯五年（1632 年），知府笪继良重修。崇祯九年，知府唐世涵建棂星门易以石。清康熙二十年（1681 年），学道杨中岳、巡道周昌、同知胡以涣修。康熙二十一年，知府鄢翼明继葺。乾隆十四年（1749 年），知府曾曰瑛重修明伦堂。今中为至圣殿，旁为东西庑，前为戟门，为泮池，上跨石桥，又前为棂星门；后殿为明伦堂，为敬一亭；从明伦堂左出仪门甬道为大门，门东折入为土地祠，为省牲所；前为崇圣祠，祠内左右为名宦、乡贤祠；祠后为教授廨，左为训导廨；尊经、文昌二阁，前后相望。

射圃在府东预备仓左，旧在广储门外。崇祯（1628—1644）间，知府唐世涵、同知黄色中、推官唐锡蕃捐筑今所。学田原额实在八亩五分，年征租银二两七分。康熙二十一年（1682 年），总督姚启圣捐置田五十二亩七分。学地一在通津门外弓箭局西，税钱四十贯。一在镇南门养济院东，租钱二十五贯。学塘在射圃后。学仓在大门内东偏，明弘治（1488—1505）间知府吴文度建，岁储米五百余石，以赡师生。

贡院在县东。宋绍熙二年（1191 年），郡守赵充夫创于兴贤门内，东、西庑计一百三十楹。旧就试者，自纳竹案，试则争撼喧哄。淳祐（1241—1252）间，郡守郭正己更置木案，士以为便。

明杨昱有《修汀州府儒学记》以记之：

汀学在龙山之麓，自有郡来，莫之有改。南逼官道，北抵城滧，东西各有制，为地不盈数亩，君子或病其隘；庙学粗备，令式多遗，君子或病其缺；植者或非其方，成者或非其意，君子或病其不秩；积以岁月，稽厥葺庀，君子或病其不饬。嘉靖丁酉，维扬马侯坤以敏识

清操领郡符，至，首视而叹曰："学者，圣朝所以群彦而一道者也。隘则嚣，而外诱得以荡志；缺则格，而文物无以备肄。不秩则无序不和，大有乖吾心礼乐之本；不饬则贡敝见陋，无以重吾人从向之心。职承流者不为之所，则群者散、一者二矣，其可乎？"乃于庶政伊始之先，毅然任修葺，以他地易道南之居者。取其地为道，而以道益学，并易其东若干廛。计南广三丈有奇，东广五丈有奇，拓厥隘也；稽礼考式，作铜登、铏、罍、爵若干件，木豆、竹笾若干件，增师儒之居一，又以寄迁之名宦祠屋以全厨、库，完厥缺也；移泮池洎桥自学门之北于戟门之南以节观祀之众，移名宦祠自圣殿之北于东庑之南用为乡贤之对，正不秩也；黝垩于墙宇，丹漆于楹扉，革敝为新，易陋以文，又建"乐育""汇征"二坊于外门之东、西以竦来游之仰瞻，作国朝祭酒张公显宗状元坊于正东以励进取之志，严不饬也。肇功于丁酉冬十一月，襄事于戊戌夏六月。

清黎士弘又有《新修汀州府儒学记》，曰：

汀为郡，在闽上游，名贤相望。郡学在官司各署之左地，擅灵爽盖将数百年。甲寅乙卯间，闽大乱，其不化为牧马之场者仅矣。岁庚申，若邱胡公以中翰来是邦，巡视堂庑，慨然曰："修葺之责，岂不在我？"朝夕图维，手口擘画，或日一视焉，或间日一视焉。涂茨、金漆、丹青、刻画之工，莫不选材中度。自庙庑房廊、戟门泮池、启圣之宫、奎星之阁、名宦之祠，无不位置一新。前后分守周公、学使惕公、署府漳海防张公、新郡伯鄢公咸赉是举，相与助将倡导，今亦既有成告竣矣。赫奕巍峨，瞻观者溢于途路。……工始于康熙辛酉年二月，落成于壬戌年七月。出入财用之目，公自有记。

府文庙现状保存良好，占地面积2550平方米，建筑面积2060平方米。建筑坐北朝南，中轴线由棂星门、泮池、大成门、东西庑、大成殿等组成。

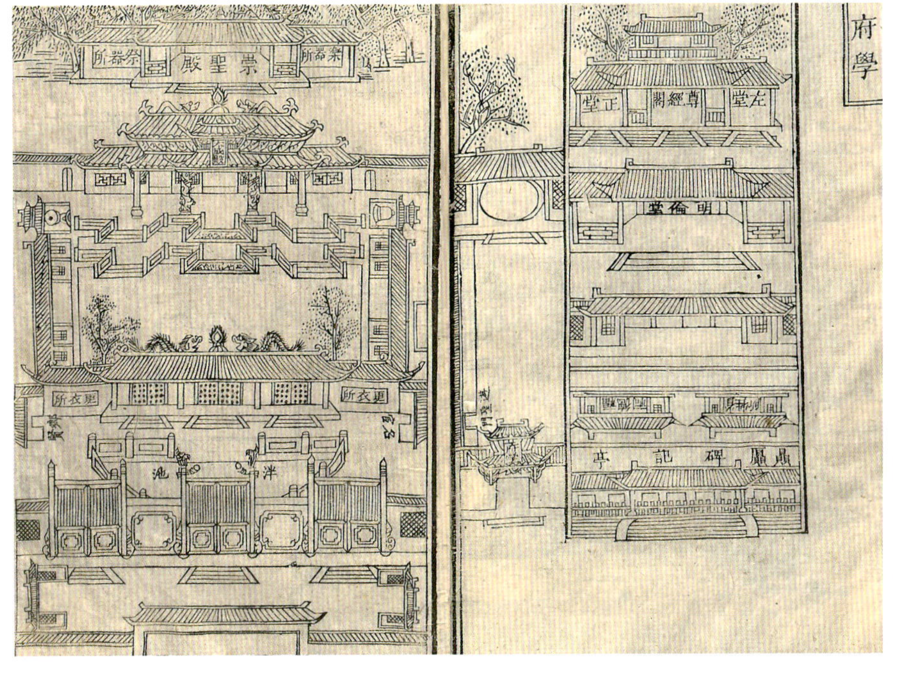

汀州府学图（引自清光绪版《长汀县志》）

2. 长汀县学

县学在府学左数十步，旧在兴贤门外（即郡学旧址）。绍兴三年（1133 年），郡学迁，唯留大成殿。嘉定（1208—1224）间，知县谢周卿市民田以为廪饩。开禧（1205—1207）中，知县刘谅之始建学宇。淳祐（1241—1252）间，知县陈显伯修大成殿，复学地之僦于民者，建丽泽堂及尚志、阅礼、修性三斋。元至正（1341—1368）间，毁于寇，遂建于县南五里许。明洪武六年（1373 年），知县陈伯正复建旧所。正统十四年（1449 年），又毁于寇。景泰七年（1456 年），知府舒曈首创大成殿。天顺二年（1458 年），知府李琼复拓基建廨宇。成化八年（1472 年），御史洪性、提学游明、巡道周谟、知府李桓移今所，建大成殿、两庑、戟门、棂星门、明伦堂，两斋堂之后为尊经阁，堂东为号房，阁后为教谕廨，殿西为两训导廨，外为重门。成化十五年，知府戴禧重修。成化十七年，知县谢珪迁外门于左，更创二门。提学周孟中复购民地增广廨舍。成化十八年，提学任彦常、知府黄琨、乡官钟正重葺。弘治元年（1488 年），知县谢珪迁学门于庙门右，修戟门、两庑。弘治四年，知府吴文度、知县黄富重建两斋。弘治十年，又修殿堂。知县黄汝隆修棂星门。正德十五年（1520 年），提学胡铎、漳南道周期雍、知县黄用直改创，移圣殿于西，移明伦堂于东，堂之左为号房。嘉靖三年（1524 年），提学邵锐以学左开元寺为大成殿、两庑、戟门、棂星门，殿后为训导署。嘉靖五年，知府邵有道、知县李日芳以旧殿为宋文天祥祠（今废）。嘉靖三十一年知县祝一鉴、嘉靖三十九年知府杨世芳继葺。万历三年（1575 年）知府潘民模、通判潘侃、知县伍士望，万历三十二年御史方元彦、知县邱民贵重修。天启（1621—1627）中，知县萧奕辅修葺。崇祯三年（1630 年），知县薛应聘建学前兴贤、育才二坊，年久复圮。知府唐世涵、同知黄色中、推官唐锡蕃重修。清顺治（1644—1661）间知府王康侯，康熙（1662—1722）间学道丁蕙、巡道周昌、知府鄢翼明、同知胡以涣、知县韩世璠、冯忠先、张文伟先后重修。乾隆（1736—1795）间，教谕张雷光建省牲所。今中为至圣殿，东西为两庑，前为戟门，为泮池，上跨石桥，又前为棂星门。明伦堂在殿之左，堂前为大门，门左为土地祠，祠左折入为教谕廨。崇圣祠在庙左。名宦、乡贤、忠孝祠及尊经阁、敬一亭、省牲所，均在明伦堂后；训导廨在殿右。

县学现存大成殿，占地 408 平方米，坐北朝南。正殿面阔三间，明间 7.3 米，进深五柱，带卷棚式前步廊。抗日战争期间，厦门大学内迁闽西，校本部设于此。

射圃在明伦堂后，清乾隆间教谕张雷光建；学田在青岩里；学地北至横岗岭，南临街，西距大街，东距东山庵；学塘在旧射圃后；学仓在明伦堂后。

明王慎中有《长汀县学记》以记之：

长汀故有学，而庳迫弗称。孔子庙亦就圮。诸生来学，每病其不足以时居游而耸瞻向，群聚而谋之，久矣。汪君以钜才为编郡，力益有余。而吾同年友李君遂方以福建左参政行部汀州郡。据向不为良也，盍革而图诸？乃改位于其地之右，畚坏测臬而望之，经体面势，言言哙哙，不大变徙而得位之良，如迁卜焉。乃作文庙，乃作明伦堂，而祠斋、廨舍、庖库、廪庾咸以序焉。盖其据向良而规制壮矣。祝君初甫至，尤知原本大吏之意，而奉其所营。于是斫刻丹雘，文饰焕然，而新学之美甲于郡中，士皆欢喜，道说相携而至，以得学其中为乐。

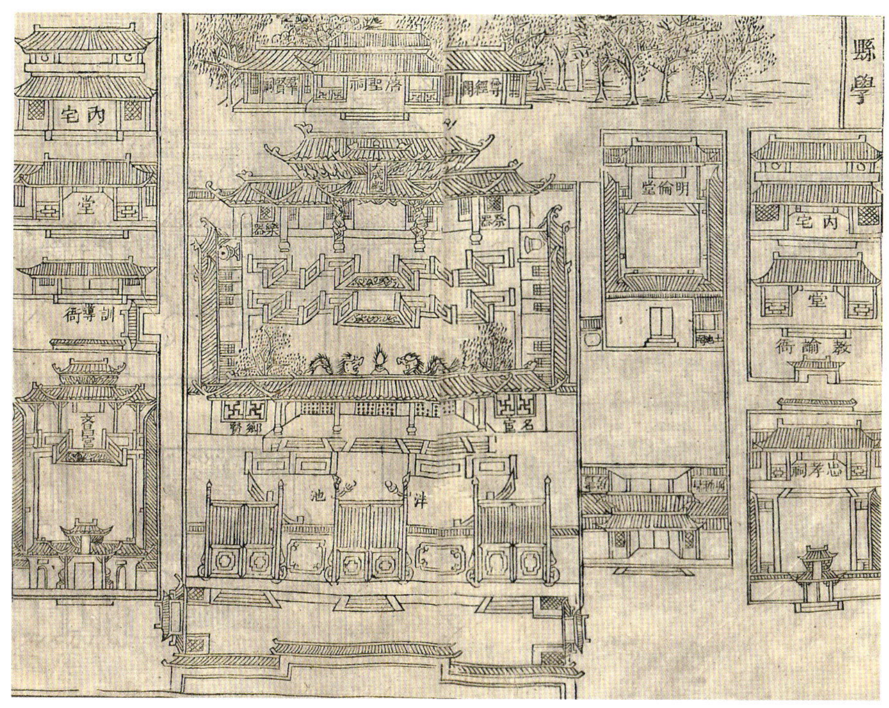

长汀县学图（引自清光绪版《长汀县志》）

龙江书院在府西门外。明天启（1621—1627）中，推官寇从化、知县萧奕辅建。清知府冯协一重修。东山书院在龙首山，山椒有亭，署为状元峰。鄞江书院在登俊坊，明崇祯七年（1634 年），知县曾巽建。紫阳书院在福寿坊东。乾隆十四年（1749 年），知府曾曰瑛捐俸，延师以教子弟之贫者。

府正音书院在府城隍庙左清风楼，雍正七年（1729 年）奉文设立。

乾隆十四年，知府曾曰瑛捐俸，延师以教子弟之贫者。县正音书院在福寿坊东，雍正七年奉文设立。

府社学在旧镇南门外。县社学一在福寿坊，一在攀桂坊，一在归阳里，一在古贵里，一在青岩里，一在宣河里金鸡寺，一在平原里东山寺，一在平原里龙山寺，一在青泰里，一在宣成里三洲，一在宣成里畲心，一在四保里，一在成下里，一在成上里，清雍正二年（1724 年）新设。

汀州书院中，以龙山书院最为著名。书院在文厂后。康熙二十年（1681 年），巡道邓秉恒、知府鄢翼明创。康熙三十五年，知府王廷抡修。第师无馆谷，徒乏膏火之资，屹存空院，渐致倾圮。乾隆十四年（1749 年），知府曾曰瑛经营葺缮，榱桷一新，器物备具，前造正学津梁堂，后增学舍二十间，清查龙山、龙江书院岁入租米八十石六斗，租谷一十九石，租银一百二十八两六钱。剔除侵冒，厘而正之。复偕绅士捐置二千金，贮为生息。额定肄业生童四十名，每月给膏火银一两，馆师修金年共一百二十两，馆师供膳月给银五两，并同厨大、门役、工食等项，均于租息内取资焉。

清李绂有《龙山书院记》以记之：

古者教人必于学，家塾、党序、术庠皆学也。汉初，校士无官，士之明经为专家学者，各教于其乡，而从游之彦，赍素裹粮奔走千里外。风何古也？后世仿而行之，石鼓、岳麓、白鹿、睢阳，迭兴踵起，书院之设斯为盛矣。汀旧有书院在龙山之麓，创之者观察泷江邓公；成其志者，太守沈阳鄢公；修葺而整新之者，太守简菴王公。然稍湫隘，不能容多士。不数十年而坏栋、腐桷、废瓦、颓垣，过之者有周道鞠草之伤焉。吾乡芝田曾公，以其世业守鄞江，下车之明年，修学宫，纂郡志，筑演武场堤，置掩骼冢，惩憨，戢奸，禁火葬、闹丧、溺女陋习，诸稗悉剃，百废俱举。其时之托其宇下者，咸熙熙如春矣。犹思教化行而风俗美，必自士始。乃兴书院，捐清俸为郡大夫士倡，郡大夫士咸鼓舞于公之教其子弟也，乐输恐后。于是鸠工庀材，地之隘者扩之，旷堧者亭之、屋之，题荣楶桷之倾者支之，败者易之，碱甓之突者夷之，翻者正之，柱壁之黦者丹漆而黝垩之。外为大门，为“正学津梁”亭，稍进为桂香堂，又进为星聚轩，轩之上为文昌阁，折而西偏为松风迳，为凝道堂。其他鳞次错落，为士子习静所者五十余。植重门衕，衕层庑翼翼，雄规伟观，穆然靓深，一洗昔之暗陋，而开文明之新矣。又以其余赀三千金置腴产，给膏火，请于上司，刊籍勒石，永为书院费，虽有他故，不得觊觎动移。凡一切规制工程，七月告竣。乃招集生徒有学行者四十人，延永福举人黄君惠为之师，其条教一依朱子白鹿洞，彬彬郁郁，雅雅鱼鱼，斯文有起色矣。越明年春，学使者按部至汀，隽者俱掇高等，补博士弟子员，至十有八人。

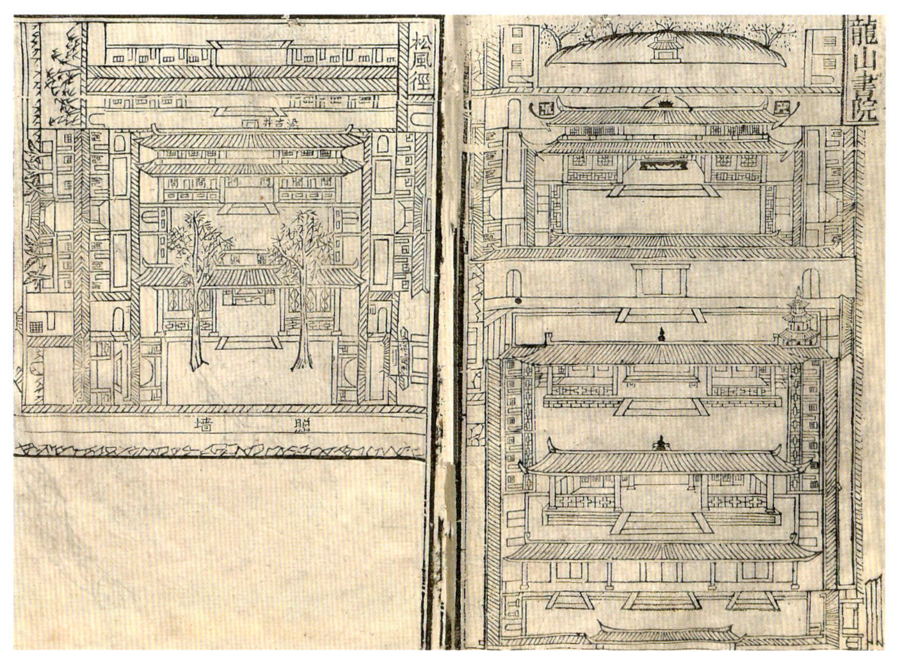

龙山书院图（引自清光绪版《长汀县志》）

3. 宁化县学

儒学在县治后。宋建炎二年（1128 年），县令施禔创于县东正街。淳熙十年（1183 年），县令赵伯虎迁于翠华山下（即今光严寺）。元毁。明洪武（1368—1398）间知县张思诚、正统（1436—1449）间县丞陈凌相继创建。正德十五年（1520年），教谕王雍、训导谭淙、周镛请迁今所。正德十六年，周围砌筑土墙，建两庑、戟门、左右厢房、棂星门。嘉靖（1522—1566）间，提学邵锐、推官秦僎、知县马淑加筑大成殿，建明伦堂，更戟门、棂星门，堂前左右建两斋，后为馔堂，左右建号房、土地祠、书器库、泮池，东西辟礼门、义路二门，号房各立一总门。教官廨、学门、宰牲房俱备。知县莫大德又建启圣祠、敬一亭。隆庆四年（1570年），推官吴之儒、知县杜桐重修。万历七年（1579年），守道郑汝璧、巡道彭应时迁复翠华旧址，推官金俸捐赀佐工。万历四十三年，知府沈应奎、署县熊茂松重建圣殿，署教谕张涛重建尊经阁。万历四十七年，署县万邦宪改启圣祠于翰墨林，改明伦堂于教谕廨。天启六年（1626年），教谕刘养学、训导丁培又将启圣祠、明伦堂互相更易。清顺治十八年（1661年）知县何凤岐，康熙二十一年（1682年）知县祝文郁、教谕谢汝霖，雍正五年（1727年）教谕刘梦魁、训导魏玉枢重修。

中为至圣殿，东西为两庑，前为戟门，为泮池，为棂星门，殿左为土地祠，右为崇圣祠，戟门左右为乡贤、名宦二祠，殿后为明伦堂，旁为两斋，左为仪门，右入为教谕、训导廨，堂后为尊经阁、文昌阁。

射圃在山川坛左。明崇祯十年（1637年），知县范澄清重建。

学田，明嘉靖（1522—1566）间，知县潘时宜给寺田二顷一十五亩四分；隆庆（1567—1572）间，通判毛子翼给寺田二十五亩五分；清康熙（1662—1722）间，总督姚启圣捐俸五十两置田；知县吴晟以黄冬生叛产一十石六斗归学，后此产售邑人张国昌，国昌仍捐归学；邑人伍明伟捐田租二石四斗，罗登峻捐田租二石五斗，知县朱瑞图捐三石三斗。

学仓在预备仓内，今废。

学塘原二口，今塞，改为启圣祠。

学店二植，在县治前。

明熊茂松有《宁化儒学记》以记之：

宁化儒学自宋建炎以来，三迁而复于光严寺故址。于是制度草创，若圣殿、尊经阁，皆因浮屠氏之故宫，历年滋久，阁且蓁芜。形家以学宫肩背，地不宜墟，学博张君涛谋重建之。稍有其绪，独殿宇颓圮，狃于烦费。余承乏摄宁事，初谒文庙，讶其榱栋洼然，咨嗟久之。因叹吏职谓何，政有急于此者乎？乃括学租数十金，请之学宪郑公、太府沈公，俱报可，且并发帑金百余两为助。余与诸学博及邑属吏各捐俸首倡，绅衿皆翕然佽佐，共得五百余金。乃抡材鸠工，撤朽易新，增崇旧基尺有二寸，经始于乙卯七月，告成于九月。乃率诸生迎先师返新宫，行释菜礼毕，环视殿阁，巍焕改观。……宁阳僻处万山，古昔声教未敷，宋治隆盛，而讲道立德之儒比隆邹峄。迨明兴而益昭明润色，文教昌休，从古所未有也。无论全闽，即宁邑，有以制科第一而立节怀忠，著国家养士之报者，彼非学于圣人而有获耶？彼且俎豆于贤人之间矣！今诸士彬彬美秀，足振昔贤之业，不知凡几。试于弦诵乐育之区，而遡正学之源流，求之尔乡，有余师矣！

宁化云龙书院，位置在县丞旧署。乾隆八年（1743年），监生贾文兆捐七百金建造。时任知县陆广霖有《云龙书院记》以记之：

来宁之二年，得贾生文兆独力成余志、建书院于丞署故地，感夫勃蔚创兴。因卜人材隆盛，有如云之从龙，故取以名吾书院。于是芟其芜，推其颓，撤其朽，平其阤，逼者旷如，翳者爽如，偏袤奥曲，清豁敷舒。此为厅，彼为舍；此宜间，彼宜架；有亭而无榭，似馆而非厦；向背正侧，纵横广狭，固因势而就裁，要皆执绳墨以为法。昔门自南，环其堵以绝之；今门自东，纡其径以别之。历甬道而升者，外堂也；由堂而进者，中亭也；由亭而入者，内堂也。至于廊庑房牖，或聚或偶，或前或后，参差映联，宽邃朗透。是又从浅造深，自迩及远，一若渐积而几不可躐等而至焉者。院之外周围列墙，所以脱埃氛、杜尘迹，虽无嘉树美箭、池沼楼台之美，其净幽窈窕，已足自辟面目，独成一境矣……

明裴应章有《仁爱祠记》一文，称赞当时宁化县令唐侯之政绩以及“以文学饬吏治”的治政理念：

……唐侯以妙龄成名进士，恂恂儒雅，不类于法吏，洁己裕民，未尝以敲朴钩掷为能。事母慎太夫人，则恭敬祇肃，务得其欢心；凡所讯鞫，退必叙述其概，不敢告者则不敢行也。邑有例金，管库者以故事进，侯却而不视，且榜示以为将来者劝。唯以文学饬吏治，都人士烝烝向往，即邻邑博士弟子，谓侯为文章宗匠，咸不远数百里来就学焉。于是，竖翰墨林为游艺之所，而量材聚石，饰庙貌而一新之，激励士风，培养元气，衿裾雍容，复睹海滨邹鲁矣。广文张先生廉，以病卒于黉舍，侯哭而祀之，割半岁俸以赙。邑不当孔道，椎埋者绐中贵人纡途假道，为恐吓计。人人自危，侯不为动，无亢无阿。比至，卒无所哗而去，民得以安。又邑去会城甚远，路出九龙滩险甚，监司台使者，或发衆接济，往罗倾覆。侯述输挽险远以闻，一切报罢。先是十年，再造黄册，不无挪移影射之弊。侯亲为审鞫，随其多寡而赋役之，且令各甲造册，无敢有舞文而滋弊者。岁时制衣发粟，以给狱囚，曰：“藉令其死，法死耳，宁忍视其冻馁死也？”至于郁攸不戒，反风灭火；旱魃为虐，甘雨随车；修当祀之庙宇，理冲衢之桥梁；严守御，实仓储，外无萑苻之忧，内免饥馑之患，凡可以仁爱斯民者，无一而不至焉。其功迹之最著者，无如鼎建龙门桥，费不赀而功不劳。大抵侯之为政，持大体，不务琐屑，间尝有所掊击，非情不可恕，则理不可遣，弊罔山积，一阅立扫。度先时宁令者，困公私冗日，拮据不休；而侯则草满讼庭，常供坐啸；山当官阁，数有咏吟。又时征召文士为诗酒游，赓歌迭和，闲雅甚都，翠华之间，炳如其色矣。闻一再入侍，所赍持不满囊橐，从乡人宦京邸者，贷出都车马资，侯之有守也，又如此。

4. 清流县学

儒学在县北皇华驿故址。先是，宋元符（1098—1100）间，知县刘叙建学县南。崇宁（1102—1106）间，迁县东。建炎（1127—1130）间，摄县事颜熙迁今所。绍兴（1131—1162）间毁。绍兴十三年，董谅创两斋廨舍。绍兴十八年，县令张秀颖创大成殿、棂星门，旋毁。端平（1234—1236）初，县令王元瑞建大成殿，后郡守张耕建明伦堂。嘉熙（1237—1240）间，邑人林奕建据德、依仁、游艺、居敬四斋。元至正（1341—1368）间，又毁，唯大成门存。明洪武二年（1369年），知县朱仲恭复建大成殿、两庑、戟门、棂星门，殿后为明伦堂，东西建养贤斋、育才斋、宰牲房、馔堂、厨房、廨舍。洪武三十二年，知县朱忠创学仓。永乐（1403—1424）间，又毁，唯仓廒存。永乐十八年，知县宋忠倡修。洪熙元年（1425年），知县李庠重建。正统（1436—1449）间又毁。景泰（1450—1457）间，知县江稷复倡修。天顺元年（1457年），知县吴中改建殿堂、棂星、两庑、斋坊、馔堂、廒宇。成化（1465—1487）间，同知黄冕作仪门、石鼓。嘉靖十年（1531年），知县陆任忠建敬一亭。万历八年（1580年），知县邓邦髦重建。万历二十五年，知县翟廷策修。崇祯九年（1636年），署县事黄色中、知县邓应韬重修。清康熙三年（1664年），知县王笃亲、李舍培修。康熙十九年，知县王鼎新复修。康熙三十八年，知府王廷抡、知县王士俊倡捐重修。雍正十二年（1734年），知县杨中兴升高殿基三尺，棂星门易以础柱，筑露台。

今中为至圣殿，为两庑，为戟门，为泮池，为棂星门，殿后为明伦堂，翼以养贤、育才两斋，堂右为敬一亭、文昌祠。魁星阁在殿左，名宦、乡贤二祠在戟门左右，教谕廨在殿右，训导廨在堂左，崇圣祠在城隍庙右。

射圃在九龙驿左。

学田，明嘉靖（1522—1566）间，知县史秉直置三阁尾田米五石五斗。崇祯（1628—1644）间，知县邓应韬置桐坑租银五钱，林畲羊屎岭租米一石，温家山租米八斗，嵩溪租米一石五斗。清康熙（1662—1722）间，总督姚启圣捐俸五十两，置田租米十石四斗。

学仓在城隍庙西，久废。

清曾枈撰有《重建清流县儒学记》以记之：

汀之清流为闽钜邑。其旧学，宋元符间在县治之南；至崇宁，徙治之东；建炎时，遂迁皇华驿之废址；历年至今因之。洪武初，令朱仲恭鼎新创建。永乐丙申，沙寇犯邑，庙学悉毁。邑丞黄奇葺茅为宇，以奠以教。岁辛丑，三衢李庠以进士来为邑。既至，首谒学宫，环视卑陋弗称，退而叹曰："此令之责也。"乃捐己俸，率僚属暨邑富民之乐善好施者，各出资以营之；郡守宋忠亦规资以为助；复以助陋，与训导丁侃及诸生陈偵辈捐白金百两，鬻学傍地以广其址。经营初定，以事赴京未果遂，甲辰春，始克还任，营构益力。首作大成殿、东西两庑，前为大成、棂星二门，殿后为明伦堂、"养贤""育才"二斋。会馔有堂，栖息有舍，以至宰牲库廪、祭品泡湢之类罔不具备，规模制度，雄冠诸郡，黝垩丹漆，焕然一新。经始于二十二年之冬十二月庚申，讫工于宣德元年之秋七月丙辰。凡役工一万七千，用材一千三百五十，砖瓦一十万六千九百有奇，约费白金以两计者九百五十有奇……

5. 明溪县学

最初的明溪县学，见于明尹直有的《始建归化县儒学记》：

……汀之归化，新县也，本清流、宁化、将乐、沙县之交境，山谷阻修，官府迥隔，群不逞辈，易乘间扇动为民患。福建藩臬洎行部使合议，请即清流明溪镇增置一县临抚之，制如议，乃赐名归化。时分巡佥宪周君谟身亲规划，鸠工兴创，县治甫成，庙学继作，皆向丙坐壬，中为大成殿，东、西翼以两庑，前列门、棂星门，各若干楹。门内东为宰牲所，西为神厨；门外南凿泮池，半环以垣；殿后为明伦堂，东、西并为两斋；堂后为栖士之室、学官之居，又各若干楹。而曾馔之堂，储蓄之廪，凡所宜有，无不具完。学门之外，学西立养贤、育才二坊，规制宏敞，丹垩辉煌，远迩创见，谓可甲闽以南。诸校庠既落成，乃选士于民秀，请师于铨曹，于是，教谕赵智、训导利元善随牒握章知以涖学。知县郭润岁时释奠劝课，一如制；而一方人士奉约束于县，服弦诵于学，耳目有所薰渐，心志有所感激，唯善是迪。伟人杰士，当有作于其间，而宿豪黠猾亦必革心易化为太平王民矣。归化号善邑，不自今日始欤？孟子曰："善政不如善教之得民。"其有以矣。学建于成化之辛卯……

明成化七年（1471 年），巡道周谟、知县郭润始建县学于城西明溪驿前。成化十七年，教谕陈冠建后堂为讲习所。弘治六年（1493 年），知县姜凤建棂星门。正德二年（1507 年），知县王凤建尊经阁。嘉靖四十年（1561 年），知县张宗实修葺。万历十九年（1591 年），知县许岸、署教谕陈振阳捐俸修棂星门，左右竖立两坊，于泮池右构省牲所。万历三十九年，知县周宪章重修。万历四十五年，知县涂希禹改建于东门旧常平仓。天启七年（1627 年），巡道朱大典、知县庞景忠改建城北，后毁。清康熙十一年（1672 年），知县黄易始详请改建至龙湖，工未竣。康熙二十年，知县王国脉成之。雍正三年（1725 年），知县周畿重修。

中为至圣殿，两翼为东西庑，前为戟门，为泮池，为棂星门。殿左为崇圣祠，祠前为明伦堂。殿右为先儒杨时祠，前为名宦、乡贤祠，又前为省牲所，为神厨，为神库。殿西为仪门，为学门。教谕、训导廨仍在旧学。

射圃在旧儒学后。成化（1465—1487）间改迁城东山川坛左。崇祯十年（1637 年），署县周谋重建。

学田，万历（1573—1620）间，知县庞一夔给归上里随图田二十亩二分；又，知县史载德买民田一亩八分。清康熙（1662—1722）间，总督姚启圣、知县王国脉共捐十六亩。

学仓在明伦堂西北。

峨嵋书院在县北，即学宫废址。雍正十三年（1735 年），邑人黄虞夏等公建。

明溪龙湖文庙棂星门

文昌书院在城东白沙桥右，后毁。清康熙十八年（1679 年），邑绅士萧徽声、李珍等重建。

社学一在广济街，一在西门外宾饯亭，一在石珩乡，一在荐福寺。雍正二年（1724 年），新设四所，一在归上里，一在归下里，一在柳杨里，一在中和里。

6. 连城县学

儒学在县治东北。宋绍兴四年（1134 年），县令陈南创，后迁县东南尉司旧址。淳熙（1174—1189）间，令常闳始徙今所。明洪武、正统间，屡经修葺。正德八年（1513 年），巡道胡琏重修。嘉靖四年（1525 年），提学邵锐改造棂星门，外竖泮宫、兴贤、育才三坊，泮宫坊外凿池一区，明伦堂前建门楼、甬道，中为桂香亭，亭后为尊经阁，东为乡贤、名宦祠，阁后为聚奎楼，东西南建号舍。嘉靖二十七年，仍迁尉司。隆庆六年（1572 年），知县陈三俊改为右庙左堂。万历三年（1575 年），知县郭鹏迁于山川坛。万历十二年，知县朱九卿复迁旧址。万历二十九年，知县徐大化重修。万历三十四年，知县李待问浚池结砌。崇祯九年（1636 年），知县陶文彦捐俸修启圣祠及东西两庑。

中为至圣殿，为东西庑，前为戟门，为泮池，为棂星门，殿后为敬一亭，为崇圣祠，明伦堂在殿之左，堂后为文昌阁，东为教谕、训导廨，前为大门，名宦、乡贤祠在戟门左右。

射圃在聚奎楼东。嘉靖四年（1525年），知县方进修。崇祯十年（1637年），知县陶文彦重建。

学田，嘉靖四年（1525年），童世坚捐田四亩，李稳捐田一亩四分八厘二毫，林会捐田塘一亩二分五厘一毫，又下田五亩六分四厘，童大樑捐下田二亩三分七厘。

学塘一口学宫前，即外大泮池；二口学宫后，万历十四年（1586年）填塞，种树荫龙。

学仓在明伦堂西。

明林华有《重建连城儒学记》：

> 连城县隶于汀州府，县设学，昔在县治之东南隅，建于宋绍兴四年。淳熙间，县令常闾迁今地，历宋、元季世，屡遭兵燹。吏是土者，虽或更新之，率皆因陋就简，前则逼于逵，后则限于池，堂、斋之外无余也，士习业者宿于外舍。是虽有学之名，而造士之实几乎废矣。正德癸酉秋，佥宪胡公琏奉天子命来总饬闽兵备，巡历兹县，莅学诣视，慨然叹曰："学校为政之首务，颓圮若斯，所不忍也。今学宫北凿污池，山川之气泄矣。"于是，计费于县之富民，各出其私赢，鸠工诹日，又更新之。督课则耆民沈长权、义民童世昌、黄玉奎也。县令郑君倌、县簿来君锦则提调之。汀州府同知陈君袞来会计，又自捐金买学西隅民居地为名贤祠，且以正方面。继而，府推宋君炫皆左右其事。由是式廓弘邃，坎埳堙塞，屹然一形胜也。凡殿庑之弗称，堂斋之圮坏者，皆撤而新之。堂之北立祠，以报公之功德；左介名贤，亦彰潜德之光；右介会馔，以为观颐之所；东西号舍，为子弟修藏之处也。堂前两斋，斋之左循大道，及黉门、阶序、屏摄、仓库、庖厨，瓴壁涂垩，莫不秩秩乎，绳绳乎。自经始至于落成，仅逾三时。县令王君理、县丞王君锺岳、县簿黎君琇、县幕俞君仕辉，后先提调，而规制焕然矣。

连城书院较多，较为著名的有位于冠豸山中的五贤书院。清代知县秦士望撰有《豸山五贤书院碑记》，记书院之设立与具体详情：

书院之设，与学校相表里，所以佐圣天子崇文之治。上自邦国，下自方隅，皆以此为先务也。连城虽蕞尔邑，沐浴清化。余膺命守土，见土风淳穆，士气雅驯，因思于学校之外倡建书院为激劝地。相视冠豸，得胜地数亩，山川环卫，灵气独锺。乃先之以俸，士夫耆老翕然乐从而鸠工庀材焉。……五贤者，前圣之嫡派，后学之津梁，特祀院之中庭，以作高山之仰。院左立正谊斋，祀乡之理学寒泉童先生、芝坛张先生；院右栋宇崇宏，方塘一鉴，开设讲堂。楹庑四周，为斋、为阁、为楼、为轩、为池亭、为山房，书室、膳厨、茶灶、囷廪咸具，延名宿以掌其教，萃誉髦以造其成。更置民田数处，以供束修膏火之润。所愿后先多士，逊志时敏，远绍正学之传，以上希贤哲之域。夫励风爱士，人有同心。后之司土者，益知养育，宏此远谟，使五贤俎豆勿替，诸生弦诵常新，将院座炉烟，不断南来统系，有厚望焉。是举也，始于乾隆丙辰之夏，竣功丁卯之冬。

另有邱氏书院，在莲峰，为宋邱鳞读书处。清黎士弘著有《邱二先生书院记》以记之：

……连城踞万山中，重峦叠峙参差，览奇者目不暇接焉。矧东田数片石，屹立一方，如古帝春巡，躬桓蒲谷，搢笏云表。连非此，其何以成一邑大观也？石之麓，为宋儒者邱二先生读书舍，后人即其遗址祠以祀之。按郡县志：邱鳞，字启潜，嘉定十三年进士；侄邱方，字正叔，宝庆二年进士；同受业杨澹轩先生。澹轩先生为朱门高弟，其时，同学诸子，罕出其右。及学成归鄞江，考道问德，与朱子往复辩论，折中至当，载在《语录》者，章章可考。二先生从之学，尽得其传。……吾独慨闽自龟山道南后，群英萃兴，号为邹鲁名邦。汀距延，咫尺间，何从学者寥寥？唯杨先生谒朱子，受所传于前；二先生从杨学，绍所闻于后。倡明圣道，引诱善类，汀人始知诗书礼乐之学。是先生德业未显于当时，教化尚留于后世。自是，士子争自濯磨，敦伦纪，励名节，称先则古，代有闻人，孰非二先生教泽之所遗耶？……

7. 上杭县学

儒学在县城北区，按旧志，宋乾道三年（1167 年），随县自钟寮场迁今城隍庙地。嘉定十六年（1223 年），县令赵彦挺迁治东一百步，建殿庑、明伦堂，以及崇德、广业、居仁、游艺四斋，后圮。宝祐五年（1257 年），县令李务行重建，省四斋为二。明正统元年（1436 年），知县张琳建大成殿，殿后为明伦堂。景泰六年（1455 年）圮，知县黄希礼重建。天顺二年（1458 年），棂星门圮，诸生李良等更造以石。成化八年（1472 年），殿复圮，教谕胡匡易以石柱，并建号舍。成化十年，知县萧弘改建明伦堂，迁两斋于堂东西。成化十八年，知县李曰思重建。弘治九年（1496 年），明伦堂圮，佥事周鹏、知县高以政重修。嘉靖二年（1523 年），佥事王俊民拓地迁基，焕然一新。嘉靖四年，巡道储洵重修。嘉靖二十七年，巡道桂荣议复旧基。嘉靖三十年，署巡道郑炯、知县赵文同竣工。隆庆五年（1571 年），知县周裔登凿泮池，驾石桥其上，而移其前石表。万历二十一年（1593 年），知县邓良佐重建。万历三十八年，知县倪应眷开凿泮池。万历四十五年，知县李自华修建。清顺治十年（1653 年）巡道郁之章、康熙十九年（1680 年）守道周昌、康熙三十九年知府王廷抡、雍正六年（1728 年）知县赵孔超倡捐修葺。乾隆三年（1738 年）公修泮池。

中为至圣殿，两翼为东西庑，为戟门，为泮池，为棂星门；旁为祭器库、典籍局；后为明伦堂，堂左为仪门，右为教谕、训导廨；仪门外为青云路，为大门，门左为省牲所；戟门左右为名宦、乡贤祠；其崇圣殿、尊经阁、敬一亭，皆在明伦堂后。

射圃在学后东北隅。旧在察院行台，弘治元年（1488 年）迁今所，知县徐绶建。崇祯十年（1637 年），知县卢跃龙重建。

学田旧有塘三口。嘉靖三十二年（1553 年），知县赵文同入乡官吴珂

上杭文庙

白沙里米一石三斗五升。万历七年（1579年），知县杨万春入田四十七亩六分。

上杭文庙至今保存基本完好，占地面积8713平方米，建筑面积1562平方米。坐北朝南，中轴线自南向北依次为棂星门、泮池、戟门、大成殿。大成殿两侧为东、西庑廊。泮池东侧为名宦祠，西侧为乡贤祠，再西是祭祀朱熹、传承朱子文化的紫阳书院。文庙大门外前坪，立有“文武官员至此下马”石碑一通。大成殿重檐歇山顶，面阔五间，进深三间带前廊，面积359.6平方米，通高十余米，抬梁穿斗混合式石木构架。正厅立圆石柱八根、方石柱十二根，顶饰藻井，廊顶饰卷棚轩。

紫阳书院位于乡贤祠西侧，硬山顶，自南向北分布三厅两天井。前天井三面带廊，下厅即前廊，中厅抬梁穿斗混合式木构架，面阔三间，进深四柱；上厅抬梁穿斗混合式木构架，面阔三间，进深三柱，后檐墙承托后檐梁枋。

明林魁有《迁杭川书院记》，对紫阳书院的迁址说明如下：

观察佥事王君用章驻节上杭。先是，县庙学坏，公用舆论，迁建城之坎隅，钟揽灵秀，严翼惟备。即故学址改建朱文公祠。盖邑人旧祠文公于城南瑟冈，地望弗称，既改建，前竖绰楔，颜曰“泰山乔岳”，颜大门曰“杭川书院”，总大观也。用岳麓、白鹿洞故事，聚士之秀者，使讲习于其中。公于宪务之暇，身莅之，笃课考材考业，日淬月砺，文学郁然以兴。

8. 武平县学

儒学在县治西。先是，旧学在县东兴贤坊，宋乾道（1165—1173）间，知县唐廷坚初建养士院。绍熙（1190—1194）间，知县叶谦之重修，知县赵汝譶复建大成殿，后田圭、林震各创东西庑并棂星门。元大德（1297—1307）间，知县李实新葺。明永乐（1403—1424）中知县周能、教谕楼宗，天顺（1457—1464）中知县袁旻，成化（1465—1487）中知县刘哲，先后重修。成化十年（1474年），知县徐瑞始改迁今所。万历（1573—1620）间，同知熊茂松重修。清顺治十三年（1656年），知县杨宗昌重建。康熙三十年（1691年）知县裴振唐、康熙三十八年署县赵良生、雍正九年（1731年）知县金玉相继增修。

中为至圣殿，为东西庑，前为戟门，为泮池，为棂星门；其旁为神厨、神库，为土地祠，为宰牲所；后为明伦堂，堂左右为教谕，训导廨，左为仪门，前为学门；堂后为敬一亭，亭后为崇圣殿；戟门左右为名宦、乡贤二祠。

射圃在南门坝上。崇祯十年（1637年），知县左光明重建。

明林大化有《修学宫记》以记之：

武平与东广、西江壤相接，其地冈重岭复，林深谷窈，冈烟峦雾，从而被之；带剑剽夺之盗，又从而出没之。偷生其间者，朝不虑夕，奚暇礼义之为？自昔衣冠而弦诵，百无一二焉。宋元以来，叛乱者以为兔穴，兵燹者荐至，烟村荆棘，弦诵之声盖寥寥矣。元大德癸卯，古汴李实、字伯英，来领宰事，怆然曰：“十室之邑，必有忠信，转风移俗，在我而已，不可委之为荒陋也。”乃以和平之心行劳来之政，一年而卧者枕，二年而耕者廪，三年而墟社之会者让而后饮。伯英曰：“可以教之方矣。”乃捐俸饰先圣先贤庙貌，及从士像位，自殿至阶、至门，焕耸具瞻。又创明伦堂，广敞高爽，缭以垣墙，使教谕薛瀛士，日与生徒讲讨仁经义传于其间。山薮所家，鹿豕所邻，争遣子弟受业，上堂喝，下堂俞，长此不辍，虽化为邹鲁可也。瀛士来请曰：“郡博士曷记之！武平，岩邑也，且残毁，未几而文教之兴若此，夫子有知，当为之莞尔矣，可无书？”余来临汀，所见六邑之宰，唯连城质夫、武平伯英，不迂儒术，著绩乡庠，每欲记质夫之事而未能，姑并见于此，以劝来者。

清许延鑅亦有《重修武平县学宫记》以记其事：

考武邑学宫，肇自邑侯李公实，在元大德间。时方草创，圣殿与县署相连毗，气塞不舒，形家以为言。至顺治甲午，邑侯杨公宗昌始移而稍东，旁通一道以为出入之径，其后，人文渐趋于盛，而岁月奄忽，葺治罕闻，岌岌乎亦日就颓废矣！丁未秋，予初莅武城，方思所以修整之，未久去官，有志而未逮也。又四年，复过是邦，见宫墙之

武平梁山书院

内鸠工庀材，诸生普踊跃趋事。自圣殿两庑至仪门、棂星之门，榱桷柱石完以固、宏以敞。更加扩泮池之基，而启圣宫暨明伦堂复渐加整理，次第毕举，焕然顿改旧观焉。……自兹以往，仰瞻庙廷，规模宏远，诸生以时讲艺、习礼其中，泮宫芹藻弦诵鼓歌之声相闻，吾知风化之隆，人文之盛，且将甲于通都而骎骎乎与古为徒矣！

四、礼祀建筑

祠者，国之大事也。汀俗尚鬼信巫，土木而衣冠者，比比皆是；城之内外，礼祀建筑亦随处可见。

从形制区分，礼祀可归为坛祀、庙祀两大类，即所谓“坛壝之设，不屋，以达天地之气；群庙则屋之，所以栖幽而妥神也”。

民赖土谷以生，故合祀社稷，以祈年也；祀风云雷雨，以其能长育百谷也；厉，沴也，祀之为归。因此，府、县城池内外都设有山川坛、社稷坛、厉坛三坛。山川坛实际上包含山川和风云雷雨两个方面的内容，简称山川坛，按阴阳五行理论，风云雷雨山川之神，属阳性，所以坛的位置多在城南郊，俗称南坛；社稷是五土五谷之神，属地神，是阴性，所以设在城的西北郊，俗称西坛；厉坛祭祀无祀所的游神杂鬼，设于北郊，俗称北坛。有的乡还设有里社坛等。

考之祀典，明初祀天地于大祀殿。城隍得与太岁、风云雷雨、岳渎山川列坛受享，故郡邑必祀城隍。凡守、宰奉简书至，先与城隍誓之，阴阳固殊，其致功于民一也。城隍庙的建筑和室内陈设都仿照府、县同级衙署的规格。明初，凡功臣死后无嗣则被封为某府或某县的城隍之神，以享祭祀。

自城隍外，尚有定国勤事、御灾捍患者，主持风教之君子不禁之，且纪之。《周礼》曰：“以祀教民，则莫不敬。”所以在典制所载之外，又有供奉各种先圣与先贤的祀所与祠庙。汀州因为战乱频仍，各地的昭忠祠相当普遍，成为地方忠义、保家护国的崇奉对象。此外，还有数量较多的

武庙、天后宫、财神庙、邹公庙等等。祠以崇祀典，碑以勒功勋。汀州开治较晚，各类礼祀建筑或以过化立，或以治行功德立，或以兴利除弊立，其旌善除恶的目的性比较明显。

1. 汀州城隍庙

汀州府的社稷坛在府城西，宋庆元（1195—1200）间建。每岁春秋仲月上戊日，官备牲醴致祭。风云雷雨山川坛原建在社稷坛左，宋庆元间建；明洪武（1368—1398）间，改置于府城南宝珠门。每岁春秋仲月上巳日，官备牲醴致祭。先农坛在郡东郊外，清雍正五年（1727 年）建。郡厉坛在府治东北朝天门，每岁三月清明日、七月望日、十月朔日致祭。

府城隍庙在郡治通津门内，唐大历（766—779）间创。宋崇宁（1102—1106）间，赐额“显应”。明洪武（1368—1398）间，诏封“监察司民城隍显佑伯”。正德十三年（1518 年），同知陈衮买民田二十亩九分以给守者。嘉靖三年（1524 年），知府邵有道修建厅堂、寝室，旁为廊房；又以军园近庙不洁，以官地易之，维墙为界。府城隍庙现状保存较好，坐东北朝西南，三落二进，占地 5800 平方米。正殿面阔三间，进深七柱，穿斗抬梁式木构架，带卷棚式前步廊。

汀州府城隍庙

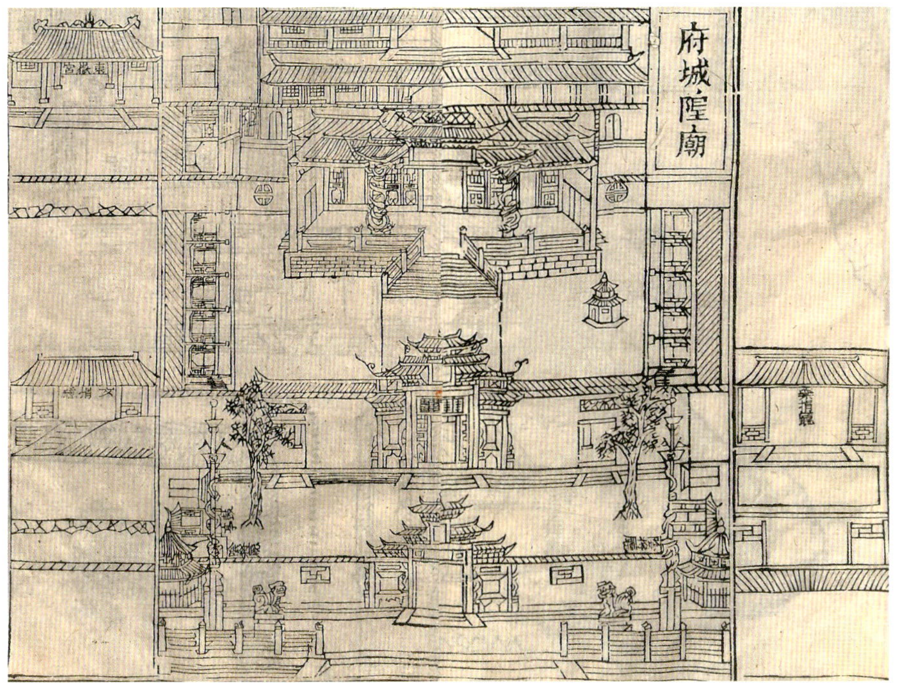

汀州府城隍庙（引自光绪版《长汀县志》）

长汀县城隍庙在府南仁爱祠，万历（1573—1620）间建。

知府胡肇智有《汀郡昭忠祠记》一文，对汀州当地的忠义之事有详细记录：

京师之有昭忠祠尚矣。嘉庆间，诏天下郡邑各立祠宇，祀殁于王事诸人，有司以时修其祀事，而教忠之典弥光。汀为郡，在闽西万山中，民风素朴，号称忠直。我国家慎简文武，以镇以守，则亦有熊罴之士，不贰心之臣，相与训迪之。二百余年来，忠义蒸蒸日进于上。往者，粤西小丑，潢池盗兵，三陷临汀，旋即规复。前太守张公佑之，慨兵燹之摧残，惧祠祀之荒坠，爰卜吉壤，建今祠，轮奂既新，名位未定。余适奉简命俾守斯土，访诸寮宷绅耆，佥曰：郡之有愍忠祠也，创自前明，久圮；邑之有忠孝祠也，建自国初，近亦毁于发逆。昭忠未立祠时，我朝忠节诸员弁及军士，俱祔主五贤祠内，亦仅二十人，其他则湮没而不彰。嗟夫，大节炳如日星，后之人至不能举其姓氏，岂唯都人士之羞，抑亦守土者之忧！乃搜志乘，综考官若民，自唐、宋逮元、明，得其事实可传者百四十有五人，为一主；由国初至嘉庆，复得三十有八人，为一主；而以咸丰中殉节诸文武与宾从附之，凡二十有□人，并祀于祠。其八属绅民，已经详报者百二十有一人。顷奉上谕，应归各邑忠孝祠，缘首邑祠毁未葺，亦别为二主祔于兹龛左右；烈妇则设主于节孝祠。主既成，都人士以记请。余唯，古者立祀之义，有功德于民则祀之，能捍大灾、御大患则祀之，以死勤事则祀之。今之所祀，大都功德在人而能捍御灾患者也。不然，则亦以死勤事者也。于乎！执干戈而卫社稷，气可以作山河，毅魂魄兮为鬼雄，灵犹能歼寇盗。迩日，大江左右，余氛就殄，相与涤瑕荡秽而境至清，毋亦诸公之灵所默相者哉？圣天子纂承基绪，首重褒忠，特诏官绅，详加采访，倘后日之咨询既确，即祔祀之名位可增，亦休养之民力稍纾，即忠孝之祠宇当复也。余方奉公晋省，行有日，因倚装而记之，以告后之君子。

2. 汀州天后宫

汀州天后宫，位于朝天门外汀江旁。建于宋代。清道光五年（1825年）修葺，光绪三十年（1904年）重修，是汀州府及所属八县敬奉妈祖的重要场所。建筑坐北朝南，由山门、戟门、戏台、前殿、正殿和后殿组成。建筑面积2400平方米，占地面积9100平方米。前殿檐两侧为石雕龙柱，面阔三间，进深三间；正殿明间正厅有方形藻井，使用双层如意斗栱承托，四角雕饰垂莲。

3. 汀州北极楼

北极楼原为玄武楼，又称吕仙楼，位于卧龙山顶。楼始建于宋代，历代维修。现状由北极楼、大雄宝殿、藏经楼及空坪、门楼等组成，建筑占地1200平方米。北极楼二层，重檐歇山顶，面阔三间，进深五柱，带前廊。

清康熙三十五年（1696年），王廷抡守汀，捐俸重修北极楼，并撰

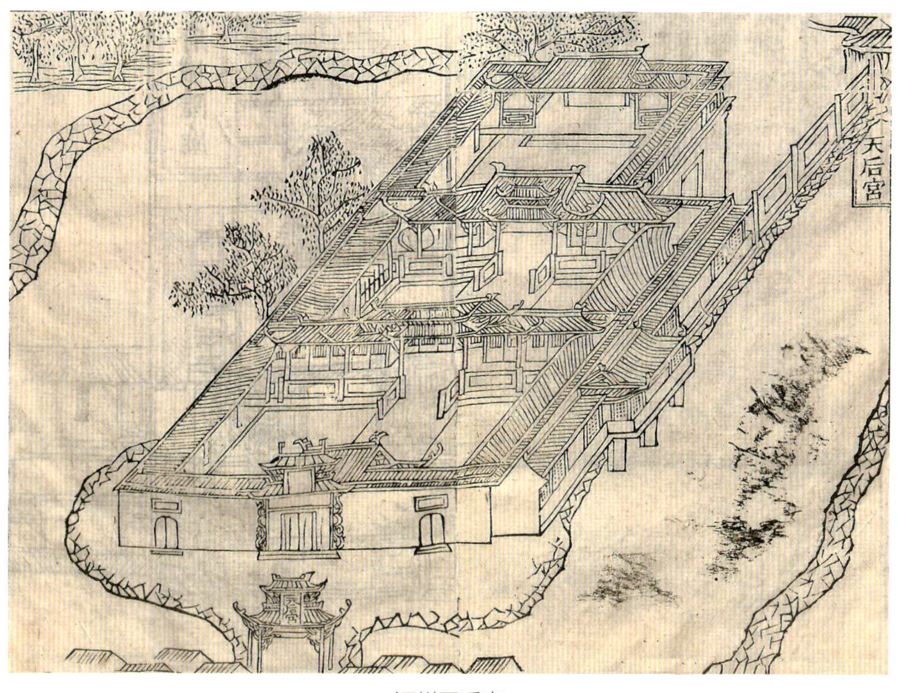

汀州天后宫

《修北极楼记》如下：

环汀皆山也。离治里许，霹雳耸于东，玉女见于西，宝珠秀于南，诸凡奇峰怪石，峭壁悬崖，靡不罗列。其北从平原中突然挺起，若卧若翔，势分为九，名曰九龙，山巅有楼。崇祯丙子，唐公世涵来守是邦，改扩郡城，鼎建为玄武楼，崇祀玄帝，总名为北极楼。城捍其外，楼峙其上，苍虬翠干，蔚然而深秀者，森列其中。非唯为北门之锁钥，亦郡中之一大观也。丙子岁，林钟月余以郎署奉命出守，环视雉堞，目击此楼欹侧于荒湮蔓草中，榛莽满径，枳棘充庭，不恃神灵靡所式凭，而且羽流托足无地。徘徊流览，感慨系之矣。计丙子以来，方周花甲，而栋折梁崩，竟至如此。莅兹土者不啻一而再，再而三，何忍令其倾颓如斯耶。顾余忝为司牧，视事方新，鞅掌薄书，不遑及此。越数时而巨细庶务次第就理，公事之余，复登其巅。层峦叠巘，翠微万状，鄞水澄清，襟带左右，俯视内外，烟火万家，星罗棋

“重建北极楼记”碑

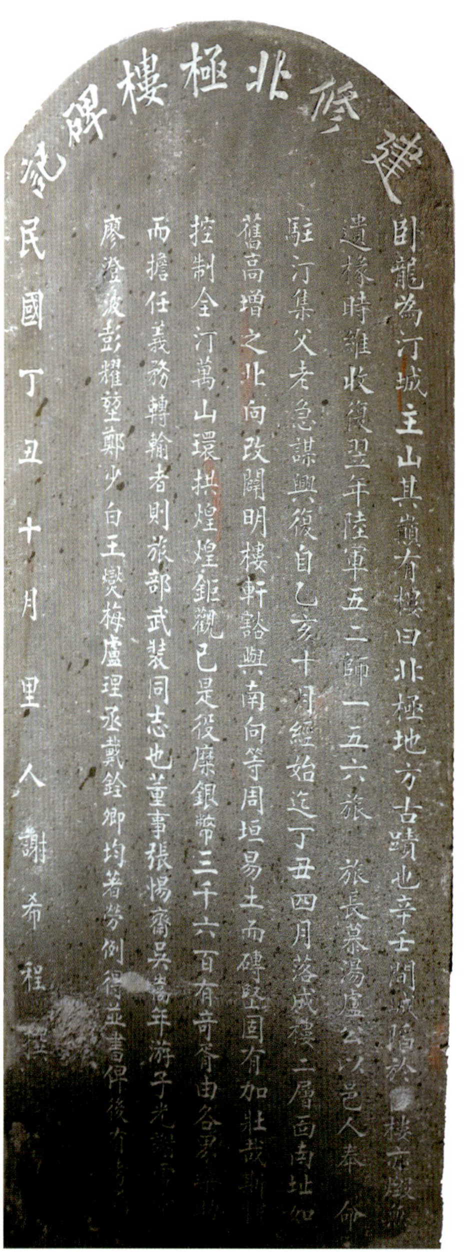

“建修北极楼碑记”碑

卧龙山巅北极楼

布，宛如家右丞辋川笔意，则信乎斯楼之不可不新也。乃于丁丑之春，卜吉鸠工，捐俸数百余金，不伤民财，不竭民力。培其基址，高其层级，一木一椽，靡不以丹以垩，可谓轮奂维新。又恐宝篆灰塞，尘生香积，特置膳田十亩，选羽士一人，晨夕焚修，庶几香火连绵，千秋不泯矣。……

4. 汀州如意宫

如意宫是历代商人供奉“财神”的场所。

汀州如意宫位于汀州水东街，始建于宋，清道光二十七年（1847 年）陈祖武捐款改建，民国时有修葺。建筑坐东朝西，砖木结构，建筑面积 490 平方米，占地面积 590 平方米。现存建筑由门楼、前厅、天井、两廊、正殿组成。正殿面阔三间，进深三间，单檐歇山顶，门厅和正殿天棚均为方形藻井；门楼由石块垒砌而成，做工精细，保存基本完好。

汀州如意宫

5. 宁化大忠祠

宁化大忠祠在县西南三里，地名草仓，即显应庙，祀长孙将军。将军名山，为伪闽将，护刍挽至县而殁，屡著灵响，民庙祀之。宋丞相李纲迁谪经祠下，题诗于壁曰："不愁芒屦长南谪，满愿灵旗助北征。酹彻一盃揩泪眼，烟云何处是三京。"嘉靖（1522—1566）间，知县潘时宜移草仓神于后堂，特祀李纲于中堂，改祠额曰"大忠"，拨民廛五、官塘四，岁收税以供祀。

6. 宁化连山庙

连山庙在县东黄龙岗，神姓廖名忠，陈、隋间人，殁葬连山，邑人祀焉。宋绍兴（1131—1162）间，有灵芝生殿中石上，闻于朝，封广济王。咸淳（1265—1274）中，有御寇阴迹，加封英济广惠王，妻赠协济惠妃。招捕祠在县南，宋绍定（1228—1233）间祀招讨使陈韡。元时毁。明洪武（1368—1398）间改创连山行祠。嘉靖（1522—1566）间递有更改，至嘉靖三十五年（1556 年）因产芝，兼以灾、寇祷屡应，复为连山保障神祠。有墨租供祭。

明雷应春有《连山庙记》以记之：

汀之邑六，宁阳为望。宁之神祠六，黄连冈为古。邑置于唐天宝，而庙始于陈、隋间，盖未邑而先祠也。先是，神为龙湫，自神奠居，龙乃徙化，土人异之，置薰垆烟穴，覆以绵蕞，乞灵辄应。江流湍急，舟子危之，祷即善济。时民居寥落，庙草创而已。元祐间，先所患湍急，忽沙合于坝，水由他道，人获安居。父老、舟人乃相与更构新祠，稍加宏敞。然在遐陬，去日边远，神虽著灵，未即上彻。及六龙南渡，神有勤王绩，建炎间，赐额曰“灵感”，嗣是休命六锡，桓圭之宠至再，内助亦再加封。淳祐癸卯，延平李君来宰是邑，涤篆次，谒祠下，周视殿宇，有上雨旁风之讶，因拂栋梁、寻缦画，乃知祠建于元祐，更绍圣，历嘉定，经知县张鉴、县丞曹某重修，皆因陋就简。于是慨然有鼎建志。顾政宜先民，是未暇及。暨秋，有土寇谋不轨，民情汹汹，令君密祷于神以讨之，而寇即授首。亟图所以报神者，经度之余，精诚幽彻，至形梦寐，且锡以“日永昼帘春自在，月澄更鼓夜分明”之句。令君揭之琴堂，志神贶也。越明年，乃集州人择材于山，鞭石于江，斤风运奇，匠民献巧，不越月而飞檐杰栋，金碧相辉，雄深壮丽，视昔霄壤。告成日，牲酒馨香，官民和乐，父老举酒，代神谢令……

宁化龙华寺

7. 清流渔沧庙

清流之渔沧庙，又名樊公庙，在城东之渔沧潭旁，原名樊令，因人闽剿寇平乱之功，邑人故立祠以祀之，樊公之于清流，一如岳飞之于杭州，其庙之建实有“地借贤灵”之人文意义。“国有贤则地灵，渊有珠则水清”，邑人立庙渔沧，即以祀樊神之气节，激励邑人，而清流亦借渔沧而显，可与西湖而同胜、武穆而同徽，此即“地因人重”“地借贤灵”之义。

渔沧潭，在县城东龙津桥南，三潭相属如贯珠，清绝明莹，深不可测。渔沧庙祀唐银青光禄大夫樊令。神松江华亭人，唐末赣寇作乱，神奉命讨之，战殁。乡人立庙以祀。宋绍定（1228—1233）中，赣寇掠邑，忽闻庙中金鼓声，俄见兵马旗帜，森列山上，贼惊遁去。元至正（1341—1368）间，封为渔沧感应王。明洪武（1368—1398）间，有司以神捍灾灵迹上闻，诏新其庙，题主曰“唐银青光禄大夫樊公之神”。九月朔，神诞辰，命有司是日致祭。

明伍晏有《渔沧庙》一诗：

渔沧之下潭水流，渔沧之上云悠悠。
行云流水自今古，荒城故垒行人愁。
龙为蛇兮鼠为虎，腥毛臭骨皆尘土。
游魂寂魄无所归，时傍寒蛩泣秋雨。

明曹学佺有《渔沧亭》，诗曰：

我来患睽隔，唯子为好仇。
杂事期云愆，于兹亦可修。
危楼俯溪上，溪水傍城流。
白沙映如玉，绿草披若油。
濯缨垢既逝，行觞数亦周。
渔父不可见，垂钓空沧州。

明徐渤亦有《渔沧庙》一诗：

誓死宁辞抗贼功，登坛百战气如虹。
鸱夷忽见浮江出，鸟革还看立庙崇。
爵任银青标往日，兵嘶铁骑肃阴风。
英灵不异平原守，千古还思祭祀同。

清流惠烈祠一在县城，一在仓盈里韦埠，知县吕镛死节所。明正德（1506—1521）间立祠祀焉。以同死事邹巡检、魏得礼、邓瑶配。明邵锐有《惠烈祠记》一文以记之：

予读《闽志》，得清流吕侯镛死贼事，甚壮，感叹起立曰："毅哉！侯捐其躯以卫其民，斯实良牧也已。"爰奉部檄简祀名宦，乃白诸巡按御史杨君瑞，奉以专祠，用广德意。按学册：侯死埠。亟遣丞博驰往，进厥寿耇问故，曰："正统戊辰，沙尤寇炽。冬十一月，贼将

清流瑀公庙

陈正景拥众掠吾梦溪，进逼铁石矶。巡检邹姓者属有官守，群执以来攻我埠。侯提乡兵远赴吾急，戮厥二总，罗姓、姜姓尤溪人，势几振矣。寡莫胜众，终且被执，耆民魏得礼挺往说贼，曰：'侯善抚我，实我父母，奈何见执？我子民也，敢不代死？' 贼故逞暴，杀魏暨邹，胁侯裒金以赎。不听，翼日死之。寇退，魏茂卿躬为殓葬，复即吾土倡厥遗黎，像祀唯谨。水旱疾疫，辄往乞灵。”较诸志语，益详以核，兼奉邹、魏故主以呈。盖命之侑者，礼失久矣，顾得诸野，独非幸耶？邑既有祠，复进诸生，图葺所谓故祠者，用慰民望，佥以义助，弗烦于官。且念得礼嗣孙贫甚，治舍授田，俾职世守，揆事正言，祠命“惠烈”，有赫大书，永示昭揭。呜呼，闽环山海以邑，自昔患寇，使职民牧者，咸善其民，俾罔失所，宜不应寇。寇且窘矣，焉用蔓？不幸或蔓，百尔郡邑，画地以守，效死弗去，寇将奚往？顾弗尽然，此予所隐忧者。侯德宜民，民与偕死，报祀有请，志述固在。景泰初元，余寇复作，民用骇窜。邑椽邓瑶者，往扼诸隘，手歼其冲，贼乃引却。业被重伤，倚石僵死。贼顾疑其生也，不敢复逼，一时脱祸者甚众。汇祔侯祠，实应祭法，故祔之。

第四章　墉壑与关防

汀州府南通广东，北达江右，山谷斗绝，称为奥壤。自唐始置郡，而扰驯未至。王潮入闽，则有事于汀州。宋室南迁，而汀州亦多叛乱。岂非以崇山复岭，旁达诸境，不逞之徒，易为渊薮，童牛之牿，不可已耶。

城池古称金汤。金汤是“金城汤池”的略语，指金属造的城、沸水流淌的护城河，形容城池险固，故有“固若金汤”之喻。《易》载城隍，《诗》言墉壑，增高浚深，守土者之责也。自古以来，城市就是人们关注的地方，也是战乱之时的攻防要地。但重关不能拒揭竿之夫，天险亦不足以自恃，城池从来就不会只是“孤城”的代名词，而是一个完整防御体系的中心点。正所谓“若夫市虎无惊，村犬不吠，殷袞以渠纪迹，王恭以桥垂名，则德政之所得及者亦附焉”。

城池虽为中心，但面积狭小，支撑其发展的还是城市周边的各类资源。就军事保障而言，各处的防御体系由府县城池与外置所城、守备、巡检、公馆、塘汛、关隘等组成军事上的相互支持；动乱之时，各处民间“结寨自保”，各筑堡寨，自组民团，与官方力量互为声援，形成完备的城防体系。

汀州古地

一、驿路关隘

汀州是福建历史上“五州”区划之中最晚形成的一个。建置晚的原因，主要与其地处闽西南，且相互毗邻的赣南、粤东地区的经济不甚发达有关。史书称之为:“唇齿剑漳，襟带江广。而道路嶔崄，无舟车鳞辏之形，则易于诘奸；山川阻深，无戎马直驱之患，则易于守险。”

地理位置的荒僻，导致交通上的相对阻绝；与此同时，官府上下都更加注重境内外有限道路交通的维修与管护，沿途驿馆、关隘的重要性也愈加显现。

1. 岭路险峭

长汀位于武夷山南麓，处闽、粤、赣三省边陲要冲，素有“福建西大门”之誉。自唐开元二十四年（736 年）置汀州，长汀一直为州、郡、路、府治所在地，也是闽西客家首府，“阛阓繁阜，不减江浙中州”。

陆路交通方面，从宋至清，县境内建有临汀、馆前、三洲 3 个驿站，驿道共有 5 条。汀州大道以长汀为中心，北达宁化，南至上杭。大路蜿蜒于丘陵山谷之间，地势相对平坦；同时，大道往四向延伸，东北往清流、明溪、将乐后接入延平，东南出永定后通往漳州，西南出武平后可往广东，又东往连城，西通江西瑞金。路面多为石铺，平整或高低有致。

（1）长汀岭道

新路岭，县西古贵里，为汀、赣分界。一作新乐岭，接江西瑞金县界，贡水出焉。旧志云："岭峭险壁立，砂砾崎岖，行者病焉。岭背即隶江西，此天所以限闽中也。"宋嘉定（1208—1224）间，郡守邹非熊修隘备寇，名罗坑隘。明知府邵有道修砌道路。又牛岭，在县西二十里，道出瑞金县。其相接者曰白头岭，以常冒白云名。大息岭，县东北归阳里，岭顶有铺。

岭路修筑之艰难，于魏际瑞的《黄竹岭修路序》中可见一斑：

汀之西有黄竹岭，人恒言其高如登天。岁丁酉，予将适汀，心难之。比至，乘雨而上，纡盘折阪，厓壁断绝如蛇蜒鹘起，謦革不息。乃舍舆，撩衣步赴，而履之路，檅檅有声，念此宜非人到，顾乃有蛎甃鳞次，使人于百千万仞之上，亘二十里而遥者。盖未尝不叹其为君子、长者，而戚然深念其德也。及乎路缺径坍，则黄泥之阪，利于榆沈；陡绝所在，争性命如悬丝；聚手足筋骸之力，逼仄以度，将或霣坠，而况于负任、罢病者乎？庚子冬，予且再至，则由之。岭有庵，庵有亭，煮茶以给行旅。有僧焉，揖予而告，盖欲以补斯路之缺壞，与前人功所未及者创之。予曰："于戏，此仁人之心，仁人之事也夫。"今夫天富，富者所以养贫者也；天贵，贵者所以安贱者也。天予福利安全之人，所以休人于劳而平人于厄也。若夫专利自丰，天亦何取斯人而独厚之也哉！昔者吾子言之曰："施冢不如施棺，施棺不如施药，施药不如施衣被、饭粥。"予亦曰："放生不如戒杀，戒杀不如作雨亭、津渡、道路、桥梁。"盖受者实，则施者不虚……

清黎士弘在《复周又文宪副书》中，也记载了汀州出行办事之艰难：

……目前重有运粮一事，连岁输将，民力已竭，为征剿大故，何敢告劳。查长汀秋粮额载八千有零，旧例秋成纳官，原以供本地兵马之需。自兵少粮多，而乃以其余者解省，为数仅千耳。今宪行欲以八千余石尽运漳城，其本地养兵之粮、候发库饷收买民间，无论民力不能一岁两输，兵马嗷嗷，令其舍现在而求补拔，亦甚非事体所便。漳、汀相去千里有余，险岭崇山，皆老公祖所亲见者。计夫一名运粮三斗，往返道路当一月有余。是一县出夫千名，竭一月之力，仅运粮至三百石而止，何啻百钟而致一钟。其间道路饥寒，逃亡死丧，既运而不得至于运所者，且无问官役攒迫之严威，尊如鬼伯；到次收受之勒措，远若天阍。事绪万端，难可指数，民间气力，只有此数；既令出米，又令雇夫，既须完粮，又须办课，有老公祖清威坐镇，自可长保无虞。脱不意一二官司奉行不善，使望粮之兵脱巾而噪于中，运粮之民走险而呼于外，汀之为汀所忧者不在贼，而转在民，可不为寒心过计哉？……

元代诗人卢琦有《汀州道中》谓当时路途之艰，诗曰：

七闽穷处古汀州，万壑千岩草木稠。
岚气满林晴亦雨，溪声近铎夜如秋。
云中僧舍时闻犬，兵后人家尽卖牛。
但得龚黄为太守，边方从此永无忧。

（2）宁化石牛驿

石牛驿在宁化县南七十里，以旁有石牛而名，始置于宋。《舆程记》云："由清流县九龙驿舟行，至驿九十里，又西南六十里而达长汀县界之馆前驿，往来必经之道也。”

清杨景辰有《石牛驿禁革里派碑》，记当时驿馆摊派之情形：

……公奉敕分巡漳南，适寇起属邑，焰不可扑。公下车未几，募乡兵御之，遂获渠魁，直捣巢穴，歼厥丑类，汀人始安堵焉。公胸中真具数万甲兵，宁直一路福星，即全闽胥拜其赐。偶过宁石牛驿，见宁父老趋承唯谨，恻然曰：“此蘧庐耳，不过一宿，所需几何，何用劳苦父老为？”遂颁令与父老约，后不烦尔。今其令具在，真蔼如仁人之言也。仍谓宁令钱君当洞悉民隐，所急宜兴除者，其悉以闻。钱君乃条陈若干款，俱剔蠹厘弊、凿凿可行者持以复公。公怿甚，温词褒美，俾勒诸贞石，永垂龟鉴。海内多事，云扰鼎沸，力疲不胜役，财竭不胜求，百为茧丝，谁一为保障。诚得如公其人，布列中外百姓，未有不安内安而外自攘，狡悍之巨寇，不难鞭棰服之，况草泽啸聚者乎？……

明徐中行有《和宗子相石牛驿闻笛见怀之作》，诗曰：

醉时明月满山城，别后秋云万里生。
独夜高楼自吹笛，谁知泪湿楚臣缨。

（3）永定平西驿

平西驿原设于上杭县东小扳池边。嘉靖十九年（1540 年），佥事侯廷训迁于永定县，改府馆为之。本县编米三千八百零八石四斗，又武平县编米四百九十一石六斗。十年通共米四千三百石。旧规马米五年一编，每石先编米五斗，编户自纳。嘉靖四十三年，奉漳南道黎申请明文：即编米·石，追银三两八钱，给官当。至万历三年（1575 年），奉军门刘察院孙明文：十年一编，遇编每米一石，追银三两七钱，解府转给官当。路通汀、赣、漳、泉、潮、惠，甚为冲要。西至上杭，一站一百二十里，夫价一钱二分。东至适中驿，一站一百二十里，夫价一钱二分。南至大埔，一站八十里，夫价八分。视他驿为重。

永定驿路初开，连设九铺。如白沙、箭滩、罗滩、湖雷、龙窟属上杭编徭，如半岭、龙潭、上寨、傅坑属龙岩编徭。

在二县，则以更换途次，互有相接。其实，则铺递徭轻，而驿夫烦苦。原马米尚有武平协济一项，不知何年而驿站之银不复可稽。知县岳钟淑详立膳夫三十名，每里岁出膳银八钱，权供答应。至用夫既多，又不免派之里排，盖自改路以来，而永之官民俱受累矣。

明田汝成有《永定开路记》，原文如下：

汀、漳岩郡也，介于万山，鸟道盘纡，毒草蒙密，为暴客逋薮。先是，按察司分两道以领辖诸郡，而汀、漳分隶，判不相统，视若边圉，使节罕历，故路废弗除。成化中，立漳南于上杭，以领辖汀、漳二郡，始相联络。复立永定于西偏，去上杭百余里。自漳入汀者，东由龙岩，西由永定。东路险远，不若西路便，而驿传铺舍俱从东偏。故东为孔道，而舆夫之费、跋涉之劳盖有年矣。是创始者鲁莽于谋，而仍贯者惮于改作也。是年秋八月，侯公廷训以按察司佥事分巡漳南，威立惠流，百坠具举。乃极封疆所履，达于四隅，诹求疾苦。父老咸言，汀、漳比邻之国也，缓急相援，往来之道非近易不可；且令永定新民频觌官府，习法令仪度，不若开西路便。公以为然，白之巡按御史王公瑛，览而报可。乃令永定唐君灿、上杭令伍君边综理之。刈芟草木，堕高堙庳，而两山之阻夷为大途，改西平驿附县治，以空廨当衢，旧驿以建御史行台，迁铺舍于抚溪、太平、白沙、炉坪，连延布置，以给传送，比之东路减其远三之一，又少险阻，既近且易，行者安之。于是，唐君以其事请记。予维·为吏者率乐因循而惮改作，即有举措，又或横主胸臆，格阂舆情，拂刺土俗，莫克持久。乃侯俯采群议而折中于心，裕而不迫，可谓尽下；二郡之民，脱险就夷，蠲其劳费，可谓溥爱；百年缺典，一旦任之，可谓勤事。一举而三善备焉，是诚不可无纪也。虽然，予窃有感焉，夫人情乐近易而恶险远也，岂真道途然哉？秦以严刑峻法偃蹇其民，民不堪命，骚然而趋汉，欢若更生。其去秦之汉也，犹脱险阻而就坦夷也。故曰：平易近民，民乃安之。夫近则不怨，平则不疑。为吏者，推此心以为政，无弗善矣。吾闻侯公莅任数月耳，凡所规划，动中机宜，悉平易其心以近民者；然则可纪之绩，岂止开路一事而已哉？

（4）汀江水路

汀江水运历史悠久，由长汀可通航上杭、永定、潮州、汕头，自古享有舟楫之利。自宋端平三年(1236年)知县宋慈开辟汀江航运后，水路交通繁忙，往返船只达“上三千、下八百”之数。《舆程记》：“自汀州府三洲驿水行九十里，至蓝屋驿。又南至上杭县，自上杭县南四十里至大孤市，又七十里过峰头，又二十里为石上镇，属广东潮州府界，自石上又六十里即大埔县。”

大孤滩在上杭县南四十里。立石槎牙，舟难上下，行者必易载而渡。除大孤滩外，上杭县境内尚有群滩凡数十处，其近城者有马尾滩，以滩水

汀江上杭摩陀寨段

散流若马尾然也。又有逃船滩，在县西，滩势甚险，舟行至此，必避溪旁，多为之备，然后敢过。又有大笼钩滩，屈曲若笼钩然。县北四十余里有目忌滩，水极湍急，舟人见之，辄增畏忌。又北有镬风滩，滩有二水，一直一横，浪滚如镬。此数滩于群滩中为尤险。草鞋潭，在县北二里，延袤数里，大溪所经。舟人云，行竟此潭，可成草鞋一双，盖状其长也。

清黎良德有《上大姑（孤）滩》诗云：

十里奔腾水，离奇怪石浮。
斜阳依远岸，逆浪泊行舟。
酒少寒侵夜，山深风易秋。
萧萧芦荻外，惨淡使人愁。

（5）九龙险滩

除汀江航运外，汀州往福州的水路多由清溪入沙溪再汇入闽江。《清流县志》云："民矫健者，刺船建、剑、汀郡间，穿滩出峡，雷轰电转，最称能手……居乡以刺船为业，陆而樵、水而渔者，仅足衣食，此外别无土产。外货不至，城鲜贸易，盖由地瘠民贫之故。"铁石山，县东南九十里。山高多石，坚黑如铁。有矶曰铁石矶，洞曰铁石洞，洞口有九龙庙，庙前有九大滩，大滩之内，又有小滩，共十有八。凡舟行者，必祈佑于庙，又东南十里，即九龙滩矣。

九龙滩，县东南百里。上六龙属本县，下三龙属永安县。九龙上下二十余里，每龙两崖石峡逼窄如关隘，仅可丈余，而石龙横截水中，高可数丈，乘舟下龙，如在高山坠于平地，舟子欲下，必倚铁石矶，人尽遵陆，空舟而行，雇土著篙师栏头，仍编竹簩箱裹船头，以蔽怒浪，庶可无恙。以县境止有六龙，亦曰六龙滩。元季陈有定尝开凿之，以通汀州粮运。明成化十八年（1482年），县令张宲募工凿去恶石，滩势稍杀，然险峻尤为七闽最。矶头有山径，行人至此，多遵径行，至滩尽再登舟。旧传，宋元时，舟楫不通，元末，陈有定始凿，以运汀粮。按张籍《送汀州源使君》诗有"全家远过九龙滩"之句，则唐时已行舟矣。岸上有九龙王庙，一名安济庙。

清流九龙溪田口段

宋嘉祐（1056—1063）中，蔡襄守泉州，有布衣投刺上谒，自称宁化九龙道士。襄不知其为神也，延之入，忽不见，取刺而观，得诗云：

远远青青叠叠峰，峰前真宰读书翁。
半岩冷落高宗雨，一洞凄凉吉甫风。
溪隐豹眠寒露落，井凋凤宿旧梧桐。
九龙山下英雄气，尽属君王宇宙中。

（6）武平下坝河

武平境内的隘口主要有：蟠龙冈隘，在县西南三十里，昔时群贼啸聚处也。其北有郑家坪隘，蹊径错杂，与广东大帽山接近，有挂坑嶂诸巢，窥伺为害，设军驻守。又水口隘，在县东南，又东即象洞寨也。县南曰钵盂隘，皆南近大帽山，为控御要地。隘皆设险处，有民兵戍守。

境内河流分注周边三省，除化龙（又名南安溪）诸溪外，还有下坝河可通往广东。清沈伟业有《上周抚军禁开武平河禀帖》，对下坝河的航运、灌溉等利弊关系进行了综合分析：

禀者卑府伟业，于前月二十二日，由盘查各邑至武平县，次日即乘小舫自南安溪河抵武平所，计水程百余里。河身宽窄靡常，河底俱沙，际此大水，深者二尺，浅者尺余，由武平所前至三江口下，则非南安溪河矣。所谓三江口者，乃南安溪河合武平所溪流，并太平宫之

武平下坝

东三角铺一带涧水相汇，故以为名。自三江口上下数里，两岸田畴颇广，筑坝重重，以资灌溉，间有因水势太泻，栽杨柳以护木桩者。由此以达村头坝，悉皆险滩，卑府一一亲历。其石罅不能容舫之处，即于石上乘势而行，高低相悬数尺，舟落如没，水势汹汹，心胆欲裂。自川龙滩至罗刁坝滩，两峰对峙，中涵一泓，峰高壁立，人迹罕到，水深莫测，幽邃凛冽。约十里，始见村落，此后又属危滩。行二十里悬绳峰，其滩亦名“悬绳石”。槛与水高下径丈，旁有一隙，相距亦六七尺。正欲前进，土人为之力拒。有相连最长之车子滩，卑府复欲追溯，而稍人且恐，亦不敢前进，遂舍船登岸，约十数里，至村头坝宿歇。其粤河上水十里，即武平之下坝，乃广东平远县交界。该县之盐自此起运，由所抵城，计陆程六十里，武与粤未尝不通也。卑府查此河，绵长八十余里，险滩罗列四十里有奇，人烟稀少，深塘密坝，累累如织。观其形势，泻泄之水既出天然，凿石之工复穷人力。武平绅士富甲，他邑即可捐工，但能倡举于事前，未必熟筹于事后。此工一兴，不特南安溪河随流随淤，徒多靡费，而三江口以下水力迅旺，冲突之势必将溃败不可收拾，彼求中止而不得。且三江口上下十数里，居民均赖筑坝以蓄水，一旦因开河拆毁，恐众心哄然，求利未得而狱先成。查粤东大浦滨海，颇称盗薮，若得便途，直可乘舟直入，武邑门户堪虞，其祸匪细。从前议论纷纷，大都未经相视。河身穷原竟委，但从村头坝首尾一望而已。今以卑府管见，据此河之势，必不能开；酌缓急之宜，亦不必开。如果于武民有利而无害，在明季早已议开，即我朝定鼎百有余年以来，凡有利于民者，悉举行之，何以独留此河？况武平为产米之乡，永定、上杭之米颇取给于武，目今未尝不利，而于此河何关？似诚不若安其固然之为得矣。……

2. 驿站隘亭

历史上，长汀境内共三关十二隘十四寨。省界上的隘主要有：隘岭隘，通江西瑞金；镇平寨隘、七岭半岭隘，通江西石城；牛姆山下隘、分水凹隘、龟龙隘，通江西会昌。另外，有黄峰岭隘，路通武平，崇祯（1628—1644）间，寇犯隘，官军失利，知府笪继良、知县曾巽捐建敌楼和兵房，掘深堑以防奔突；靖远隘，路通上杭，天启（1621—1627）间，推官寇从化增筑墩铺，建靖远庵；人息隘，山顶有铺，崇祯间，知县曾巽竖，路通清流、宁化；虎忙隘，路通连城。此外，又有古城寨，在县西古贵六十里，置有巡检司；白花寨，在县东南宣河一百二十里半溪石山下，其上平，四围险塞，可容千余人，乡民避患于此。

长汀隘岭古道与隘岭关

（1）长汀隘岭关

隘岭去县六十里，与瑞金接界。隘岭关位于古城镇大井村隘岭、长汀通往江西的古驿道上，建于宋嘉定元年（1208年），明清均有修葺。俗称罗坑隘，关隘占地面积约1500平方米，高3米，关门内宽2.5米，长5米。周边商店、客栈的残垣断壁还历历可见。隘岭关往东边下坡到隘岭坑，过了拱门以西就属江西地界。

清熊为霖有《隘岭道中》，诗云：

绝岭当雄关，扼险乃居隘。控制总八闽，南赣划天界。
镇此咽喉司，泥垣洞华盖。摩空剑戟寒，悬河走飞带。
风雨奥灵区，神力所盘会。元气混沌余，雷霆转其内。
我闻啼鹧鸪，林樾动天籁。石栈历九折，驱车苦竹迈。
屯云翳积莽，杂沓作光怪。山凹峡势尊，硐堡结严砦。
未雨绸缪深，经画统全概。太平日和晏，亭长枕清濑。
茫茫天地宽，遐擘颇云快。讫憩生幽心，寄我烟霞外。

（2）宁化片云亭

站岭片云亭，位于石壁镇西北与江西石城交界的站岭隘隘口，与江西境内“介福亭”两亭相连，界分闽赣两省。两亭中部共用一墙，以此共墙作为两省之分界线。亭平面呈横向长方形，面积54平方米。中轴线上由东南向西北依次建有亭前通道、亭门、围墙、分界墙等。抬梁式结构、硬山顶，用凿面条块石砌外墙及隔墙，架梁直接安于墙上。亭名书于门额上方，墙内嵌石碑，注明亭始建于康熙五十七年（1718年）。

片云亭所在的站岭隘，历史上是闽赣两省往来的重要通道，也是客家先民进出武夷山脉间的一座标志性建筑。

（3）武平路亭

武平石径岭又名“云梯山”，海拔947米。“石径云梯”是武平古八景之一。其雄俊奇险闻名闽粤赣边界，民谣：云梯山，离天三尺三。石径岭悬崖壁立，古树参天，陡峭的石阶直上山顶，是当年通行于粤东、闽西、赣南之间的重要通衢大道。

宁化站岭片云亭

五坊大道位于武东乡五坊村，民间称之为“汀州大道”，是上杭县经由武平县通往汀州府的主要陆路通道。此古道在武平县境内长约 30 千米，现存最完整的五坊古道长 500 米，宽 1~1.55 米，由不规则的块石砌成。沿途凉亭数个，其中晏然亭坐东南向西北，通面阔 5.3 米，通进深 9.6 米；砖木结构，平面呈方形，抬梁式、硬山顶；石砌门框，石匾阴刻“晏然亭”三字。越荫亭坐南朝北，砖木结构，平面呈方形，通面阔 4 米，通进深 7 米；抬梁式、硬山顶；石砌门框，石匾阴刻“越荫亭”三字；中梁墨书“大清光绪贰拾柒年（1901 年）岁次辛丑仲冬月众姓立”，亭东侧开一方形窗，西侧墙壁内镶嵌“建造越荫亭题捐诸公各位碑”三通。

二、卫所巡司

宋置兵马都监一员、兵马监押二员、指挥六员（禁军二、厢军四）。绍兴（1131—1162）间，复设殿前左翼军正将一员、副将一员。时杨勍乱后，群盗屡起。翟皋统广东摧锋军来汀驻扎，隶左翼军。后盗平撤回。其禁兵、厢兵之外，籍民为之者曰乡兵。又有训练禁军，有砦兵。诸县置巡检寨都巡检，各籍民为逻警弓手。

元初，置兵增戍，有万户、翼万户府，又有巡军弓手，隶巡检司。

明设汀州卫，隶于福建行都指挥使司。左、中、前、后四所，又有上杭守御千户所（成化间，溪南寇起，调汀州右所守御于此）、武平守御千户所，以上二所直隶行都司，后又设威远、岩前二营。

汀江与武平五坊古道

汀州卫守备都司一员，指挥使一员，指挥同知一员，指挥佥事四员，经历一员，镇抚二员。左、中、前、后及上杭、武平六所正千户各一员，后加二员；副千户各二员，后加十一员；镇抚各一员；百户各十员，后加二十四员。

清顺治（1644—1661）初，设左路总兵一员、左右二营副将一员。左右二营俱属总兵统辖，兼辖延、建、邵、汀四府，驻汀州。康熙二年（1663 年），裁城守二营，添设镇标中营。康熙七年，将汀州镇兵移驻漳浦，以镇标二营改为城守，二营设副将一员、游击二员，守备二员，千总六员、把总十二员，分辖八县汛地，仍听漳浦镇统辖。

汀州额设马步战守兵共九百五十名。在兵员配置上，拨防观音岭、皇祝岭、萝葩坪、罗坑口、宋坊桥、鸡心岭、苦麻岭等塘汛，共兵四十二名。拨防古城隘岭、长桥径、畲心、游绳渡、三洲等塘汛，共兵九十名。分防连城县城兼辖水西岭、打鼓岭、新泉、桃排、崩坑、三隘等塘汛，把总一员，共兵九十二名。分防永定县城兼辖龙窟、罗滩、摺箭、竹隘等塘汛，千总一员，共兵一百零八名。分防苦竹乡兼辖草子湖、佛子凹、青草湖、三层隘等塘汛，把总一员，共兵九十四名。分防博平岭兼辖青山、上寨等塘汛，把总一员，共兵九十七名。驻防清流县城游击一员、把总一员，兵二百二十一名；拨防铁石矶、大岭、五通、金钱隘等塘汛，共兵六十四名。分防宁化县城兼辖禾口、古背、水茜、乌村、石牛、罗溪、黄柏岭、杨梅径等塘汛，千总一员，共兵九十五名。分防望高岭汛兼辖中沙、沙坪、伍家坊、安远司等塘汛，把总一员，共兵四十七名。分防归化县城兼辖华源、莲花山、夏坊涧、余子岭、谢家排、宦篠坑、三角坪等塘汛，把总一员，共兵九十五名。驻防上杭县城游击一员，千总一员，兵二百四十四名。拨防回龙、三潭头、黄泥垅、峰市、蓝屋驿、鹅公岭等塘汛，共兵六十名。分防武平县城兼辖高屋坝、石鸡岭、赤冈等塘

永定下洋闽粤交界段

汛，把总一员，共兵九十五名。分防武平所兼辖中田铺、犁畲等塘汛，把总一员，共兵七十六名。随防汀州府守备一员、千总一员、把总一员、兵三百八十五名。

1. 卫所屯兵

汀州卫在府治东，洪武四年（1371 年）建。

武平守御千户所，在县西南二十五里。洪武二十四年（1391 年）建，筑城浚濠，周二里有奇，置兵屯守。又上杭守御千户所，在县治北。天顺六年（1462 年），以溪南寇作乱，始调汀州卫后千户所守御。成化二年（1466 年），遂置所于此。俱属汀州卫。

武平所城，位于县治西南二十五里武溪源（中山乡）。明洪武（1368—1398）间，山寇窃发，汀州卫指挥黄敏提军剿捕，因驻焉。洪武二十四年，黄敏筑所城，周长二里百八步一尺。洪武二十八年，本卫指挥李虎甃砌以砖。明正德元年（1506 年）至嘉靖十九年（1540 年），漳南道侯廷训在老城南北隅增筑新城和片月城。新城周四百二十五丈、高二丈三尺、广二丈，三城并立，互相沟通。计有城楼五座，城门八个，称迎恩门、永安门、常乐门、通济门、朝阳门、水门、永定门、文明门。崇祯元年（1628 年），寇破新城，兵备道董象恒、曾樱檄知县巢之梁修葺。顺治（1644—1661）间知县朱之焜，康熙（1662—1722）初知县刘昈、署令赵良生，先后重葺千户所城。

现城已毁，仅存迎恩门。门为石砌拱形，高 4.1 米，宽 2.8 米，进深 12.9 米。城门横额石刻“迎恩门”三字，门顶城楼已毁，遗石柱两根，有石刻对联。

明罗万藻有《申详三院请协济兵饷文》，对当年的兵饷筹措做有说明，原文如下：

宪台于去年冬月新募图兵五百五十员，名计扼邵武，以防楚寇轶入。先声既张，寇亦喙息。随以漳寇蔓延，复移守漳。而上杭自三月初一日王寿山贼突入乡保，杀人掘冢，掳掠男妇亡算，人心震动，投城自全。卑职料兵兵虚，察帑帑匮，勉强拊循军余，奖率良家子，为城守之计，至于今未罢。贼虽睥睨不得入，然视杭如无人之境矣。四月初四日，五营会剿，复有宝坑之败，贼益得气，聚众进逼。伏蒙垂念，贼冲许胜一旅赴杭，卑县喜惧并至，方集荐绅父老议饷所从出，而武平复告急矣。卑县为具十日行粮赴援，谓兵抵武，则武当馆谷耳。而师出贼退，武平遂告止师，杭代武费，邻谊固当。但念此兵初置扼郡，则通省之计也。守漳则列郡之计也，今援武则全汀八县之计也。此兵如奕子，有急则救，而未奉上台安插之地与。夫额设之粮，杭恐不支，兵亦难久。卑县窃以为，今从通省起议，是责爬搔于不关痛痒之人，不可也；从列郡起议，是呼恩泽于未经焦烂之日，不可也。独上、武、永三县联络，为全汀门户，则长汀清商人，易小舫达镇平，达武平所，过山从羊角水下船。武平奸民已于本处地方，每船收税五分、杂用三分，则已俨然成一榷关矣。窃计武平一所，岁仰上杭河税一千二百有奇，今私收于武者不赀，而额给于上杭者如故。收于武者徒以腴奸人之橐，而给于上杭者攒眉剜肉莫之支也。合无请于武平私税之所，即公建为税场，以武平县官主其征收，每季即以给本所额饷。或疑其来货多寡莫之稽也，则请武平所哨弁中委一忠实者，逐日登记船数若干，计税银若干，用合同印票前后登记一样，半解本道，

武平中山所

半存武平，以便稽察；不足则从上杭关补，有余则仍封解上杭收贮，以佐庶在武犹在杭也。此于事宜，非别有创建，亦因地势通塞，人情趋避，物力盈亏，不得不变通之。大理酌之，使利兴于武平，而累弛于杭邑，亦卑职焦思百出，为地方兵食计，不分彼此者也。

清黎士弘又有《左所屯粮改抵记》，记录了有关屯粮的情况：

余家世籍汀州卫之左所。左所之有屯粮，始明永乐文皇帝。时赣属信丰县周三叛乱，檄汀军补剿。乱平，即以所籍之田赏军，额赋一百三十八两八钱，岁收解事隶汀州。……信丰去汀千里，又军户多不能自行，请他军代收。代收者多巧黠，或指岁荒无征，或诈称至中途为盗贼截劫以去。各屯夫益苦，且屯户之纳粮于官有羡、有耗、有加增，佃坚守故约，丝毫不为补益。……有明三百年，屯丁之害遂相与终始。崇祯十三年庚辰，林公一柱为虔、抚都御史。公莆田人，自汀入赣，而汀固抚属。屯户遮道诉公，内称汀郡有额解赣州行粮银贰百余两，请得以左所额征屯粮径从赣属信丰起征，坐抵前数之半；一苏困军，一省运解，事在可行。林公下其词于府，府檄县查详。……赣府以次日转报，文云："汀卫左所屯粮额银，军户收之，各佃不无刁难。汀饷解之，赣城道又辽远，应于信丰县径征，抵解汀州府协饷，事诚两便。"院符随下行赣、行汀，遂得清除如额……

2. 巡司设馆

巡检司，即警察机构，负责缉捕盗贼、盘诘奸伪。巡检司常选择重要的集镇或道路节点设置，常年有兵士检查巡防。

亲民之吏莫如守令，而属莅尤与小民密迩。故国家设官分职，必于邑之乡里立巡司焉，所以分庶务而兼缉御也。巡检常设于险要，均有社稷生民之寄。

（1）长汀古城寨巡司

古城寨，府西四十里。五代时，王延政筑此城以备江南兵。宋因置寨为戍守处，亦曰古城里。旧志云：旧城在府西南何田市，宋绍兴（1131—1162）中迁今所。明初置古城寨巡司，又西至江西瑞金县五十里。

清李世熊有《古城阵亡士卒碑》以记之：

崇祯十七年，闯贼陷燕京，至尊义殉社稷，四海裂心，勤王之旅，弥溢天地，盖弱衿愿黎，人人奋谈兵革矣。民讹构煽，奸宄飙举，闽中自是苦盗也。先是，兴泉之乱，馘斩数千。五代以来，所未见。余孽漂入漳州，旋及万人。抚军张公肯堂提师捕之，贼复旁扰汀境。而粤寇阎王总者，亦出没虔州，部渐逼临汀，郡邑告急。抚军乃遣兵五百援之，督以把总林深、郑雄、傅玉麟。未抵汀二日，贼已陷汀之古城镇。镇去汀五十里，为汀、赣交衢，行贾奔辏，贼突破之，杀戮千人。……林深、郑雄死之，傅玉麟混围逸免。贼死者亦二百余人。始贼轻官兵，及是知其敢战也，遂逸退虔州境。汀郡安堵者，死士三百余人之力也。是役也，以轻敌失向败，汀人伤之。罗生世儒乃

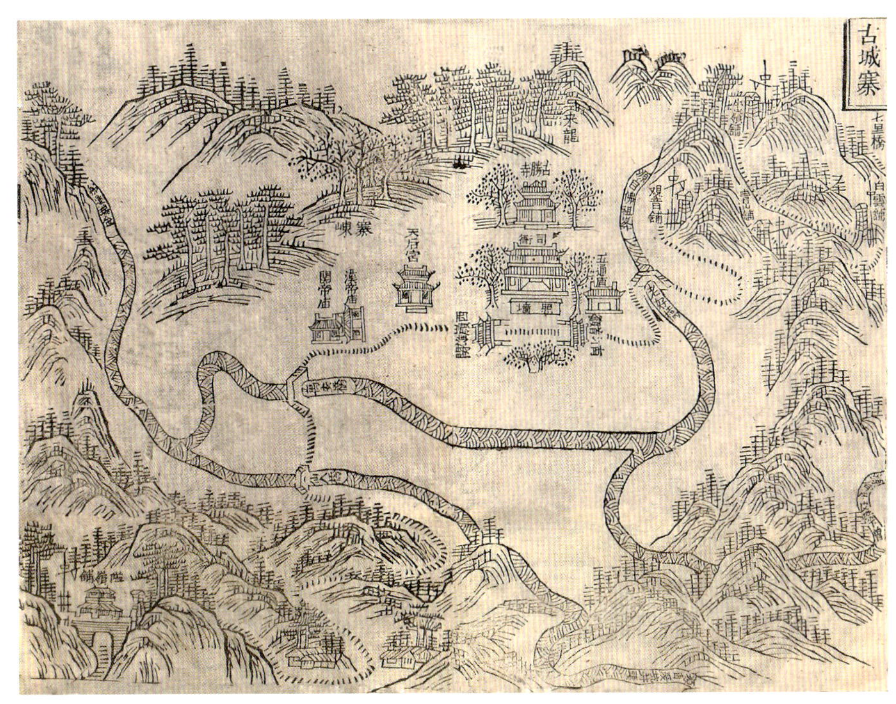

长汀古城寨

捐赀，募人敛死士遗骸，火如浮屠法，聚瘗于汀之罗汉岭，表之以碑，而祀之以哀曲，犹楚人之礼国殇也。

（2）上杭抚民馆

上杭县治之外，另建有抚民馆城，城在上杭县溪南三图中坪。馆城建于明嘉靖三十七年（1558 年），知府徐中行创筑，周长一百七十二丈，高一丈六尺，北门一，中建公馆一，左右兵房各五，城内官房七所，民房六所，简称“抚馆城”，又称“武衙”。明隆庆五年（1571 年）修葺一次。清康熙（1662—1722）初，知县宁维邦、蒋廷铨先后重修抚民馆。

明万历四年（1576 年），加建兵备行台，升抚馆城为“上杭分县”，于是在永定峰市河头坪建筑分县县城。城周四百八十七丈，高一丈八尺，东西南门三，北为水门，中建县所公馆凡三，城内民房二十四所，茅店三十五间，城外兵房四十间，校场在河背夫子山。初驻捕盗通判一员，统机兵百名，后再拨哨官领兵叠戍。崇祯元年（1628 年）裁撤。因城筑于河头坪，故名河头城，又称“文衙”。今已拆废。

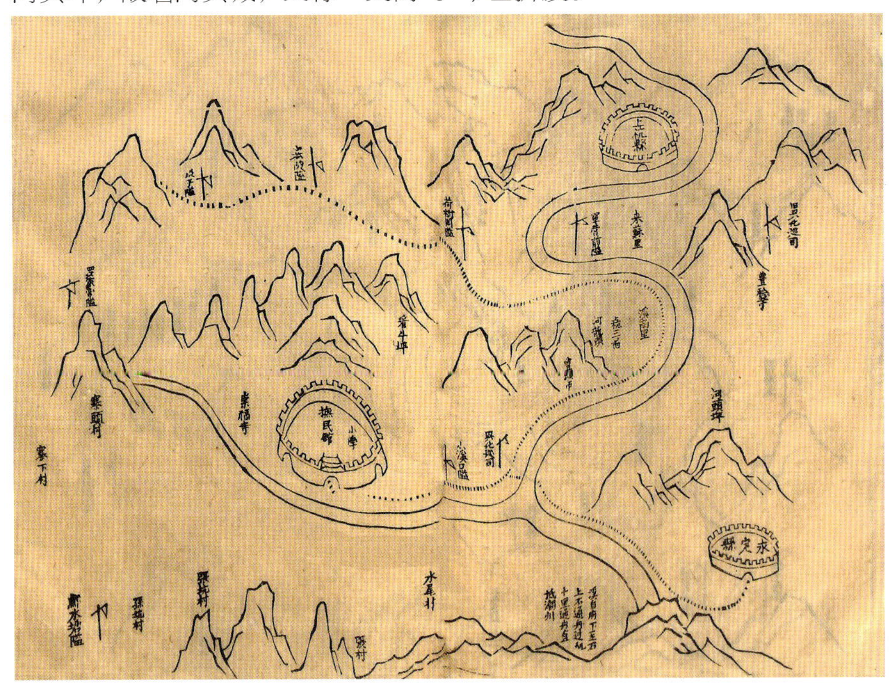

上杭抚民馆（引自清乾隆版《汀州府志》）

（3）永定巡司

永定县共有三个巡检司。三司设巡检各一员，吏各一名，弓兵各三十名。

兴化巡检司，设于明洪武五年（1372年），在溪南里古镇。正统（1436—1449）间，乡官范金以太平里虎冈寇盗出没，无以防于东，奏徙兴化乡巡司于虎冈，改名太平巡检司。天顺（1457—1464）间，寇发于南，有司请复设司于古镇，仍名兴化巡检司。成化十五年（1479年），迁司于丰稔寺之右。嘉靖三十七年（1558年），迁司于上杭峰头。因万历（1573—1620）年间设兵于河头隘，筑城堡，设通判一员、百户一员坐镇，复迁司于丰稔寺。凡五迁焉。旧署濒河，洪水泛圮。清康熙十年（1671年），巡检刘杰迁于高阜，买地鼎建，署廨聿新。

太平巡检司，即正统间徙兴化乡于虎冈者，景泰（1450—1457）末，徙于高陂。成化十五年开县，仍于高陂建司，未有廨舍。嘉靖十八年（1539年），知县唐灿买民卢金稳屋地为之。

三层岭巡检司，在金丰里天德甲。成化十四年，都宪高明因广东饶平、大靖、小靖地方盗贼数起，奏设巡司防守。该司所辖三大山：一曰岐岭，一曰苦竹，一曰条河。盗常据为巢穴。旧司已废，巡司暂寓于大溪公馆。

明杨昱有《辟永定县诸险塞记》以记之：

汀郡之南县为永定县，南接壤广东之饶平、大埔，中有大洞曰苦竹山、平水湾、望天丘，各崇窅蓊翳，环亘连属数十里。邻壤顽犷或为不靖，每托为潜身灭迹之地，守土者常病焉。嘉靖戊申冬十二月，提兵都御史余姚龚公辉，尝采众议，谓非赭山兑道，莫绝本谋，列以上请，得允，下漳南佥事上饶桂公荣转檄府县芟柞之，盖未暇举者积年。庚戌秋，适知府仁和陈公洪范至，以兹举实一方治乱安危之机，不可缓者。然伤财劳民，动众骇远，皆非所以祗奉德意也。乃假便诣县，微处工费，分给近氓。以辛亥冬十月己未始事，历四旬而毕其役。

于是，知县洪君良弼，以公殚虑经纪，宁厥疆围，不可无言以告，后乃命书事于石。……

（3）武平岩前城

岩前城，在武平南六十里的岩前镇灵岩村。明崇祯（1628—1644）间，广寇摽掠，崇祯五年八月至次年九月，巡道顾元镜创筑，由知府竺继良、同知王色中、上杭知县陈正中勘址。汀州府及武平、上杭两县筹捐银一万余两建成。周长420丈、高1.6丈、宽8.9尺。设城门四个，称迎喜门、靖远门、阜安门、宝门，均建有城楼（东曰近禧、西曰靖远、南曰阜安、北曰宝艮）。城楼四，窝铺二十有四。崇祯九年，知府唐世涵命典史王赐爵分画街衢，平治坑堑，度其地以分给乡民。

武平岩前城图（引自清乾隆版《汀州府志》）

明邱衍箕有《邑侯涧叟赵公岩前营堡碑记》以记之：

岩前旧故无营兵，其有营兵，以流寇故。先是，崇祯戊辰庚午，寇犯杭城，其聚啸出没，实由兹地；识者谓，兹地宜设兵、宜城。兵屯于城，据险守要，可以扼寇之吭而制其命。二邑令君上其议于当事，从之。不期年而城工竣、营兵设矣。然岩故武地，兵饷则武与杭各派其半，而选属之兵亦杭之骁勇为多。自顷岁寰海多事，令应公家之急，拮据日无宁晷，兼之廪帑空乏，饷给稽候，行间怨议，所在而然，岩营为甚。盖自我杭令君涧叟赵侯之来，而岩营相庆喜可知也。侯治杭，谋饬武备，严斥堠，除戎器，时馈饷，盗息民安，百凡毖慎。而于岩营犹加意振励，不以邻地弛担，亦不以共牧委责，饷散以时，患防以预，绸缪补葺，威申恩洽。而士饱队充，窥伺永杜。比年烽火寝息，岩地四境胥蒙其福，则侯之定计于先，有以裨之也。……

城内有均庆寺，位于狮岩洞北，始建于宋乾德二年（964 年），泉州僧人郑自严（法号定光）在此设道场。咸平元年（998 年）御封“均庆寺”，大中祥符四年（1011 年）敕赐定光“均庆护国禅师”，南宋绍定三年（1230 年）又赐定光院。现存建筑为清乾隆十六年（1751 年）修建，坐北朝南，通面阔 20 米，通进深 32 米。“定光大师来岩事迹碑”立于狮岩南洞口东侧，黑色页岩石质，碑高 1.75 米、宽 0.75 米、厚 0.09 米。碑文楷书竖刻 23 行 1235 字，记述定光大师郑自严生平及其开发狮岩设道场事迹，落款“清宣统元年（1909 年）夏月合乡立”。

（4）连城新泉汤背寨

砦，同“寨”，守卫用的栅栏、营垒，“山居以木栅”。

连城处于汀州与龙岩州之间，古为驿道所经，所以在县治之外，另筑有巡检司城等。明清之际，新泉是水陆通衢，战略位置十分重要，形势险要，素为兵家必争之地。流经新泉的河流有三条：朋口溪（进入新泉境内称连南河）、庙前溪、罗地溪，同属于汀江水系。

嘉靖（1522—1566）年间，在新泉设置北团寨巡检司。隆庆五年

(1571年)，县令陈三俊在新泉公馆前(今西村)筑新泉北团寨城墙，周长约1000米，高约5米，东南西向大部分为砖墙，北依山部分为土墙。设南门、西门、北门三个城门，并在北山筑堡一座，当地俗称老城。

新泉汤背寨，俗称新城。新泉是连城南境要隘，为防御盗寇侵扰，明正统十一年(1446年)设置隘堡，并筑土寨御敌，为连城九隘之一。嘉靖四十年(1561年)，在新泉汤背寨(今新泉村)筑土围四百余丈。隆庆四年(1570年)秋，朋口、新泉发大水，土围被冲塌。万历三十年(1602年)，县令徐大化重修汤背寨城，改土墙为石墙，共筑墙五百零六丈，高一丈五尺，设城门五座，东门为“启明”，西门为“涌金”，北门为“崇庆”“福汲”“浴德”。崇祯十三年(1640年)，原汀州府卫参军林尧培署北团司时，协同知县雷同声增修寨城女墙和城楼，并更改五城门名称：“启明”改“晋明”，“涌金”改“拥金”，“崇庆”改“集庆”，“福汲”改“朝宗”，“浴德”改“日新”。今遗存拥金门和部分城墙。

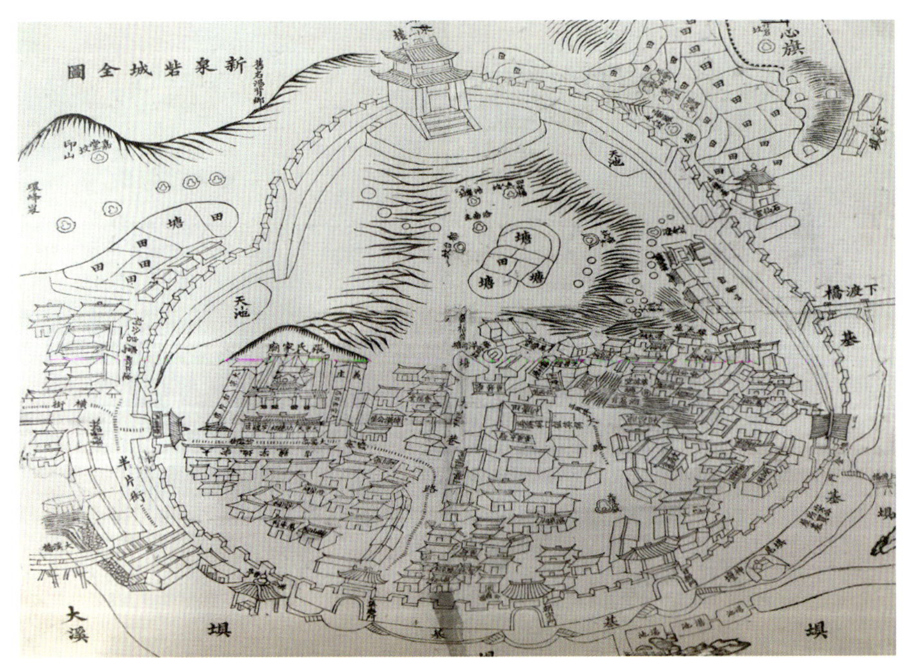

新泉砦城全图

三、民城堡寨

寨之最初性质，是屯驻正规部队的军寨，后逐渐转为民间聚众自保的大型防御性围合式建筑。史载汀州之军寨在府南三里处，宋建炎（1127—1130）中，群寇扰乱，遣军讨捕，尝驻于此。绍兴十四年（1144年）始创筑，元废。又何田市寨，在府西南五十里。宋时为商旅辏集处。嘉定（1208—1224）间，创寨以弹压之。旧志云：府北有汀关，宋置。景炎二年（1277年），元兵破汀关，文天祥欲据城拒敌。汀守黄去疾有异志，天祥乃移军漳州。

堡的形式接近于小型化的寨，是民间为自身安全所建，数量较多，但规模大小差别相当大。大的堡与城池无异，也称民城，但有的民城只是在出入的要道上设置隘门，再围合外界各处民居的外墙而成；小的堡与土楼相当，有的仅一姓一户而已。以上两种堡的用途以日常生活、居住为主，另有一类堡的规模与山寨类似，建在村外的高岗之上，建造目的主要是防御土匪、兵寇以及地方之间的械斗等等。

1. 筑堡自卫

闽西筑堡的历史，可以上溯至隋唐时期。宁化黄连人巫罗俊“年少负殊勇，就峒筑堡，众寇不敢犯，远近争附之”。

筑堡自卫的传统在闽西各乡村之间持久沿袭，城、堡的规模大小不一，现存多已残败，但原有的防御功能及工事等仍依稀可见。

（1）清流赖坊

闽西客家以悍勇为荣，据清流赖坊《赖氏族谱》记载：“唐太宗贞观（627—649）年间，赖氏先祖赖仙芝受命统兵，征讨安南，不慎身中埋伏，兵败被杀。其妻罗氏主动请缨，承夫志再赴沙场，身先士卒，英勇杀敌，于乱军之中斩获敌酋首级，大获全胜后班师回京。”此外，又有赖世隆为明成化十七年（1481年）进士，清道光版《清流县志·艺文》记其事迹：“公以进士授翰林院编修，有才略。正统（1436—1449）间，邓茂七作乱，疏请智勇大臣征讨，陈山川险易，进兵方略，切中机宜，上嘉纳，命宁阳侯陈懋统兵征之，因命世隆为导，同军招抚延建。世隆先领千人回汀，擒贼首陈美九、蔡田等，解赴军门，召集延汀散亡十余万。”

赖坊赖氏的肇基者为一郎公和其弟九郎公。北宋乾兴元年（1022 年）春，一郎公偕弟九郎从安砂出发，寻找家中走失的母猪，一路逦迤寻至后垄山下，在此找到已经产崽的母猪。他们见此地地脉深厚，气望轩阔，是一生聚佳地，便相约举家迁于此，卜居水东，播衍耕殖，世代相传。经数百年拓土耕殖，至明季，赖武、赖安已“居民聚而为乡落，于坊庐相望，室庐相接，鸡犬相闻，庶矣哉。”

赖坊位于大丰山下，文昌溪从村庄西侧流过，整个村庄坐落在青山碧水间，是一个风光秀美、民风淳朴、历史悠久的小山村。而历史上的“赖坊八景”尤为人称道，计有九龙戏珠、奇街盘楼、樟堤笼烟、龙泉晓钟、真武楼台、土堡角寨、七星罗墩、奎星高阁等八处，历来被文人骚客以诗词吟咏。赖坊原有城门两座，东曰奎星门，奎星楼矗其上，为两层歇山顶木构建筑，飞檐翘角，雕梁画栋。登斯楼，可聆东壑松风，观西山衔日，为八景之一的“奎星高阁”，惜于民国初年毁于火灾。西门名“镇安门”，为赭褐色花岗岩砌筑。拱券顶门洞，门楣上方迭涩出跳，硬山顶两面坡，门脚至檐沿高 3.94 米，门洞深 1.78 米，高 2.60 米，青石门额上阴刻“镇安门”，左下方有镂刻铭文“嘉靖已未年”（1559 年）年款。

（2）长汀三洲

三洲村三面环山，西临汀江，山环水抱，良田万顷，是典型的河谷盆地，是汀江流域新石器文化的摇篮，《长汀县志》有“未有汀州，先有三洲”的说法。据《临汀志》记载，南宋汀州已有河田墟、三洲墟。三洲至汀州府城正好一天水路行程，依托汀江河道航运，三洲发展成为古代水陆交通枢纽与货物集散地，形成早期集镇。明清时期三洲发展至鼎盛，设有三洲驿，与临汀驿、馆前驿合称汀州府三大驿站，三洲成为汀州府重要的商埠码头。

明清时期三洲筑有城墙，至 20 世纪 60 年代才陆续拆除，现存部分城墙根及南城门。城内主要街巷是上街与下街。老街呈曲尺形，上街南北走向，北起石桥头，下街东西走向，西起三洲戴氏家庙，两者在四角亭的三角店会合，成曲尺形，合称老街。以老街为主干，三洲村内其他街巷主要往南、往东绵延发展，这些小巷纵横交错，形成了一个回环往复、错综复杂的街巷系统，至今仍基本保持街巷尺度。

赖坊镇安门

城内建筑布局则体现了典型的血缘聚落的特色。村落上街以北的部分主要是黄氏聚居地，其民居基本是以黄氏家庙为中心展开布局。上街以南主要是戴氏的聚居地，区域内分布十几个戴氏祠堂，戴氏各支房的民居基本以本房祠堂为中心展开布局。在戴氏聚居区域，穿插着俞、温、邱等小姓，也分别以各自的祠堂为中心形成一个个小组团。

三洲村文化遗产丰富。现存各类传统建筑 150 余处，主要包括祠堂、

长汀三洲南门

民居、学堂、商铺、寺庙、古井、街亭、城门与城墙遗址等，类型丰富，主要是清代至民国建筑遗存，较完整地展现了三洲村历史风貌和历史变迁，其中民居建筑的建筑布局、结构特征鲜明，装修艺术性突出，耕读文化气息浓郁。传统客家民俗文化、饮食文化内容丰富而传衍至今。

（3）武平万安堡

万安堡址俗称“城子里”，位于武平县万安乡上镇村城子里自然村。明洪武（1368—1398）年间，武平县尹魏侃大卸任后定居万安后，为防御贼寇而率百姓筑成。堡平面呈椭圆形。东西长约400米，南北宽约500米。夯土堡墙周长约1.5千米，高6米，宽2.5米。原有城垛和东、西、南、北四个城门，现仅存26.6米石砌墙基，厚0.8米，高1~2.5米。该建筑为研究古代武平城形制布局提供了宝贵的实物资料。

万安堡址四周皆为民居。西临309省道线，南往武平县城，北通往江西会昌。城子里自然村有王、刘、钟、李、谢多姓。

武平万安堡

2. 设寨避险

山寨的出现时间，从文献记载看，至少可以早至宋代。宋代或以前的山寨多属官方性质，称作军寨。军寨这一制度在宋代之后并未延续，但结寨自保的形式却在民间延续并发扬光大，成为闽西村庄四周及山林深处的寨堡，护佑着各地百姓。

为确凿求证，2009 年 6—7 月，福建博物院文物考古研究所与永定县文物局联合组队，对永定县城郊乡古二村的龙安寨遗址进行为期 20 天的考古调查和试掘，首次用地层、遗迹与遗物等考古学证据证明了早在北宋晚期，永定县即已存在使用生土技术建造的寨堡合一的大型防御性建筑。①

（1）永定龙安寨

龙安寨东北距永定城区 6 千米，位于村旁孤立的寨仔顶山岗上，相对高度约 100 米，寨址四面陡峭、地势险要，北临永定河，南邻广东大埔入闽古道，是控扼水陆两路的交通要冲。考古揭露出早、晚两期相互叠压的寨址遗迹，出土了一批陶、瓷器等生活用品。

第一期寨址的夯土墙遗迹位于探沟北部，墙体直接夯筑于陡坡顶部的基岩之上。由于第二期寨址大量筑墙用土，对早期遗迹造成严重破坏。现存第一期夯土墙揭露东西长 1 米、残宽 1.24~1.41 米、残高 0.76 米，东西两端继续向探方外延伸，并与第二期寨址北墙相平行。夯土为就地取材，用较纯净的红色山土进行夯筑，夯土中夹杂着较多山体风化碎屑。早期地层出土遗物共 33 件，主要器形有罐、碗、炉、碟、杯等。其中以碗类居多，次为罐类。碗类有敞口、敞口、敛口、花口等形式。釉色多见青黄釉、青白釉，青灰釉较少。刻划纹饰见于碗类内外腹壁，内腹饰花草云气与蓖点纹，外腹刻划莲瓣纹。花口碟内壁见出筋装饰。

第二期揭露的遗迹有房子、道路、寨墙、护坡、灰坑等。通过地层解剖，了解到寨址一周的围墙基座都是用山石两面对砌而成，基座下大上

① 楼建龙、陈子文、黄丰林等：《永定县龙安寨遗址考古调查及试掘简报》，《福建文博》2017 年第 1 期。

小，两壁等高，高度均超过 1 米，外壁露于寨外，形成护坡，内壁则深埋于台基内，基座在房间内往往高出居面以防潮。寨墙夯筑于作为护坡的基座之上而略小于基座顶面的宽度，寨墙厚度往往比寨内房间的隔墙宽大。在所揭露的 3 个房子的地面上均未发现柱洞、础石之类用以立柱的遗迹遗物，因此寨内夯土墙应同时兼具开间与承重的功能。从地层解剖得知，第二期寨址的建造工序是：先围筑寨墙，然后平整填垫寨内台基，最后才开始寨内各建筑单元隔间的营造。晚期地层出土陶、瓷器共 189 片，以青花瓷片占绝大多数，器形有碗、盘、罐、杯、碟、调羹等；次为青黄釉、青釉、酱釉等各类罐、瓮、缸、雷钵等，此外还有青黄釉与青灰釉涩圈碗、青灰釉灯盏和青绿釉器盖等。

通过对遗址全面踏探与平、剖面图测绘，初步了解到现存地面建筑残迹主要属第二期寨址遗迹。寨中分布有前、中、后三处制高点，以主干道（通廊）贯通，道路两侧分布有数十个房间，在寨址的中心部位有供奉寨神用的路心亭遗迹，寨址东西两端并设有高、低两道防御设施。此外，

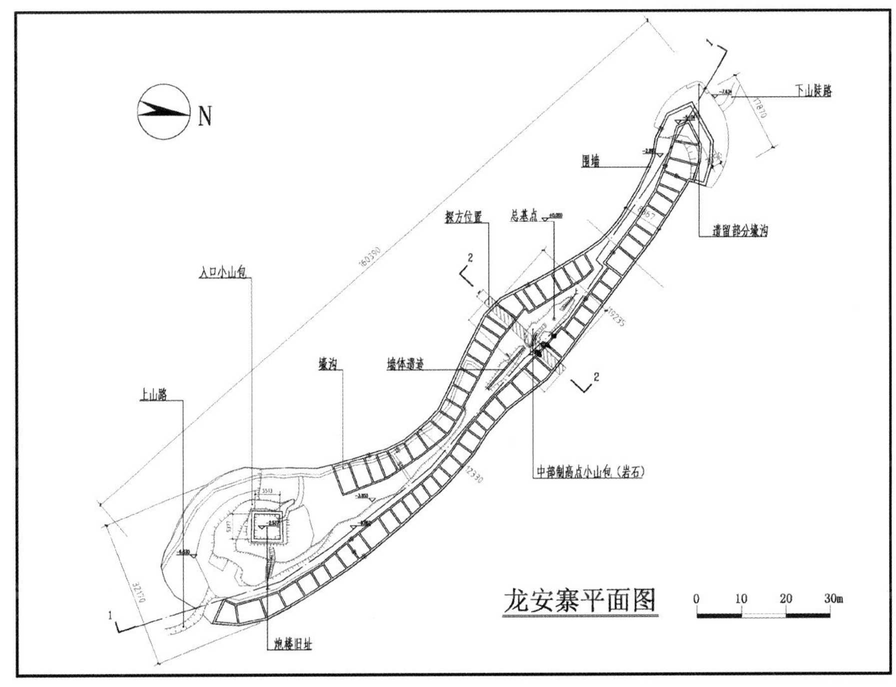

永定龙安寨

还发现寨址西门遗迹及寨内排水设施等。考古发现的两期寨墙走向完全一致，晚期寨墙直接承袭早期寨墙的生土夯筑技术，不同的是，从直接夯筑于基岩之上，演变为夯筑于石砌基础之上。

龙安寨遗址出土的两个时期瓷片标本经专家鉴定，认为：早期地层出土的瓷片时代为北宋晚期至南宋早期，多数标本可能是漳平永福窑产品；晚期地层出土的瓷片具有明显的明末清初时期风格，多数产品产自漳州窑以及闽西南一带窑口。

龙安寨自然村之名始见于当地郑氏族谱。据族谱记载，该村于南宋晚期已有龙安寨之名。位于村旁山顶之上的龙安寨遗址其始建年代为北宋晚期至南宋早期，明显早于山下的村落，可以断定，该村落是因古寨而得名。

（2）宁化潭飞漈

宁化安远寨，县北百里，旧名下土寨。宋庆元（1195—1200）中置，元因之，有巡司戍守。明洪武（1368—1398）初改今名。又南平寨，在县南，近潭飞漈。宋绍定六年（1233 年），移黄土寨置于此。又北安寨，在县东北七十里，宋绍定六年，移苦竹寨置于此。今皆废。

潭飞漈在县南乡。重冈复岭，环布森列，登陟极难。漈居其中，坦然宽平，山环水合，有田有池，草茂林深，易于藏聚。宋绍定（1228—1233）间，汀邵贼晏头陀作乱，攻陷城邑，北犯建宁，监军刘纯等击破其潭飞漈，又谕降连城七十二寨，贼遂平。《一统志》云：宋平贼后，置南平寨于此，为戍守要地。

清李世熊有《招捕祠记》，原文如下：

> 祀宋招捕使陈公也。公讳，字子华，侯官人，开禧元年进士，屡迁仓部员外郎。绍定二年，闽中盗起，帅王居安属提举四隅保甲，以亲丧辞。寻夺情，以宝章阁学士起知南剑州、提举汀州邵武军，招捕盗贼。公籍民丁壮为一军，号忠勇军。时沙县贼由间道趋城，破之于高桥。贼又攻汀州，同淮西帅曾式中合漳、泉人，又击破之。复亲提

兵至沙县、将乐、清流、宁化督捕，所至克捷。时晏头陀啸聚潭飞砦，攻磜，破之，谕降连城七十二砦。贼溃，头陀伏诛，汀寇悉平。奏改下土寨为安远寨，增土兵三百戍之。诏进右文殿修撰，仍提点刑狱招捕使，兼知建宁府，累官观文殿学士、参知枢密院事，以福建安抚大使知福州，卒。宁民德公，为之立祠，旧在正南门外。时有沙县主簿刘纯者，建阳人，发家财募士，得千三百余人，亦号忠武军，与陈合破潭飞磜。未几，建宁下瞿之寇猖獗，纯提兵直抵贼巢，兵败死之。事闻，诏赠朝散郎，加谥义壮，荫一子下州文学，庙赐额“忠烈”，不知当日何以不并祀纯耳。南门祠，即寿宁桥之北，宝祐间毁，开庆间重建，元复毁，洪武十六年重建，寻改为连山行祠。嘉靖间，改为张义亭，又改为府公馆。既奉上采讨灵芝，连山屡产解京，遂改为连山保障行祠。始废招捕为连山者，不知议俑于谁，遂无执义以正之者。昧民义而溺鬼神，俗所由来久矣。

（3）清流诸寨

清流寨堡数量较多，其建造时间由宋至清，反映出由军至民的性质嬗变。

军寨之中最早记于县志的，是县城北面的石洞寨，一名石龙寨，山险峻，其上可容数千人。山峻顶平，左通宁化。宋乾道（1165—1173）间，县令黄藻始开，为民避寇。元末寇作，伍元保增修四门，与众拒寇。今石门、鸟道犹存。

县治南北有双寨对峙。北寨在县北，即屏山山顶，上平下险。南寨在县南，与县治之后山相接，山势险峻，顶平可容千人。元平章陈有定在南寨垒石为城，与北寨相夹守御。

龙珠寨，位于赖坊村西南约1千米的龙珠山顶，始建于清顺治（1644—1661）年间。龙珠山为孤立于盆地之中的小山，小山四周，九条山垅逦迤而下，在龙珠山周围聚拢，势如“九龙戏珠”，龙珠山故而得名。该山相对高度约50米，山坡陡峭，山顶平旷。山寨坐落于山顶，面积约

清流南寨遗址

800平方米，寨墙系用片石筑砌，石墙之上，另有土筑矮墙作为遮护，通高4~5米。寨门开于东南侧，青石券顶已坍塌，堡内原有居住建筑，另有水井一眼。

清流龙珠寨

天宝寨，位于赖坊镇寨下村南的一孤立山丘上，海拔 345 米，坐东北朝西南，面积约 1500 平方米。寨下村主要姓氏为“上官”，与官坊村同祖。清末社会动乱，寨下上官姓合全村之力，于清咸丰（1851—1861）年

间建天宝寨以自卫。寨平面呈椭圆形，南北长约105米，东西宽约50米。寨墙就山势而建，片石垒砌，上设跑马道；寨门门洞拱券顶，开于西寨墙中部。

（4）连城冠豸寨

冠豸寨旧名莲峰寨，在连城县东冠豸山上。冠豸山在宋代以前叫东田石，高峻险绝，石壁巑岏，盘亘数十里，其上平旷，可容万人。宋皇祐（1049—1054）中，邑人彭孙保聚于此，有城塞池堑，又有云楼、宣武、西、南四门，外有石梯、石巷，仅容一人。绍定（1228—1233）间，寇乱，邑人丘麟率民保此山，设寨固守，全活甚众。宋时官置三寨于其上，遇寇警，则移民以避之。

清流天宝寨

元至正二十六年（1366年），县尹马周卿改东田石为冠豸山。“辟南北堑，垒城凿池”，修筑寨城。又有定光道场，号曰白云洞天。马周卿标为十三景，隶书岩壁间，曰苍玉峡、曰豸冠、曰云栈、曰天梯、曰桃源、曰清如许、曰芙蓉波、曰金字泉、曰白云生处、曰天光咫尺、曰苍谷、曰

连城冠豸寨

凌虚、曰小崆峒，又有香炉石、九老亭、迎春石，立春日人皆诣石祷祝。刘玉成诗序云："汀郡诸胜，紫金弘而敞，朝斗窈而清，滴水奇而秀，语大观则不若莲峰也。"

明成化（1465—1487）中，邓茂七之乱，邑人多避难于此，贼攻月余不能陷。弘治五年（1492 年），县令关铨重修冠豸寨，增筑新城五十余丈，设南北二门，并在最险的石道旁筑石栏杆护卫。明童玺之有《重修冠豸寨记》，原文如下：

> 邑之有御侮处，曰冠豸寨。其山四面皆石壁，岸嵂巉巍，矗云薄汉，呈奇献怪，郁乎其苍蒨也。初足迹莫能容，后凿石磴数百里，始通一道。上旷然平地，有泉有圃，可汲可蔬，堪宅万人，固天设之险也。至正二十六年，福省架阁马公周卿、方公、虞侯率千人辟南北堑，垒城凿池，以为保障。正统，沙县邓茂七寇邑。令王公佐、乡官许浩志、耆民童得庆、桑叶茂捐资修葺，民借全生。弘治辛亥，漳平温文进弄兵，民甚恐。邑侯关铨以连邑无坚城，所依者冠豸寨耳，乃率县丞万贯辈营缮之。时郡二守山阴章公颀下邑，亦切民患，亲谒绝顶，添助资费。侯遂计丈数，揣高低，度厚薄，画糇粮。因南、北堑旧址，增新城五十余丈，立南、北二门，辟右道之最险隘者，仍卫以石栏杆，下十步许敞云楼，门上架楼宇三间，凡此皆前所未有也。更张皇武备，贼远闻之，不敢犯。又于苍玉峡、芙蓉波、金字泉、白云洞诸胜概处从新之，然后规模宏远，遇警足卫生灵，平居足为观览，其功视马与虞、王皆并之矣。肇修于辛亥七月，告成于壬子三月。夫知事之当为而能捐分赀以为之者，义也；知民之当保而能修地利以保之者，仁也。仁与义，吾侯其兼之矣。……

之后，又在“一线天”中部筑东寨门“天堑”，在“丹梯”上筑西寨门“云膈”。清咸丰八年（1858年）九月，太平军入连城，南寨门被毁，今尚存东、西、北寨门和部分城墙。

（5）上杭武婆寨

上杭关隘的修建，主要集中在明代的早中期。如明弘治元年（1488年）设水归、吊钟岩、驴子岭、牛皮、佛祖高、白鹏、双髻山、通桥等八隘；明弘治六年，巡抚都御史金泽设狗闷岭、新长岭、寒陂隔、径石矶、桃牌岭、羊蹄岭等六隘；嘉靖十九年（1540年），设濑溪口、胡卢岗、兴化岗、柯树岗、虎岗、上南坪、庐丰、檀岭、鲜水塘、银子凹、郭公口、军营前、彩眉山、板寮等十四隘。关隘之外，还有为数不少的大小山寨，如梅溪、雷公、石壁、武婆、王家、丁光围、狮子、西天、天宝、古塘、

郑坑、老虎、石城、凭风、鸡冠等寨。

武婆寨又称摩陀寨，位于庐丰乡下坊村武婆寨山西南侧，南侧约200米为汀江自西向东流经。寨址为北宋时期所开辟，占地面积约3000平方米，现仅存东北面石质城垛与射口一处，西南面存开山始祖比丘尼墓，有墓碑一方，字迹模糊，东南方向一段石质古城墙，城墙中段设有普济门。普济门城墙全长达60米，高4.5米，厚0.4米，城墙用条石砌

上杭摩陀寨

成，青砖砌筑城垛。北侧约 50 米为摩陀寨寺庙。

（6）武平诸寨

武平山寨之多，且保存之好，堪称全闽之最。

早期的军寨有象洞寨，县东南百里。其地与潮、惠接界，相传尝产象于此。宋政和（1111—1118）中置寨，嘉熙（1237—1240）中改为南尉司，元废。明初复置，改为巡司。又永平寨，在县北六十余里，地名帽鰗，宋淳祐（1241—1252）中置。明初改巡司。县西南又有悬绳巡司，以悬绳峰而名。正德（1506—1521）间，群盗刘廷选啸聚于此，事平，因置巡司，设兵戍守。又三折溪寨，在县东五里，宋置。旧志云："寨旧在溪西，为汀、赣、梅三州界首，后梅州废，止隶汀、赣二州。绍兴（1131—1162）初寇毁，因移寨于此。" 又有屯营庵，在县东何屯冈下，旧传五代时统军使何姓者尝屯驻于此，筑小城，周围二里许，故址犹存。

除上述官寨之外，多数民寨都建在高山之上，防盗拒匪、躲避战乱的目的性非常明确。其中马鞍寨、天马寨、四姑寨、香炉寨等山寨分别建筑在相近的四座山上，规模形制大致相同，既相互独立，又相互呼应。

四姑寨位于武东乡美和村高大牌里，建于清代，在海拔 703 米的山上依山势而筑，占地面积 60000 平方米。平面呈椭圆形，东西长 300 米，南北宽 200 米。石砌寨墙，厚 1.4 米，最高处 6 米。东、东南、南、西各设有一石寨门，寨门高 2~2.3 米、宽 1.8 米、进深 1.4 米。寨子中残留数间房基。

马鞍寨位于武平县城东部距县城约 8 千米的陈禾坑境内。寨建于清咸丰（1851—1861）年间，为避闽粤赣边强寇，礁文村、园丁村李邱两姓家族倾其所有，费时八年建成，全盛时山上有 36 幢住房，储粮可供千人食用二年。整个寨子依山势而建，四周砌有 5~8 米高不等的石墙，周长有六七百米，每隔十数米便留有哨口，开有东南西北四个寨门，形成一个易守难攻的马鞍形山寨城堡。古寨的功能区域条块清晰，瞭望台、射击孔、议事厅、练兵场一应俱全，寨内地势最低处有泉眼、水井、蓄水池，至今

武平马鞍寨

仍依稀可见。寨中的石刻楹联“登堂瞻道岸，云汉尽天章”说明寨中人不忘“耕读传家”的古训。

云霄寨位于湘店乡七里村，四面以城墙工事圈起相邻的三座山头，三山围一寨，景象壮观，故又称八里城。寨始建于清咸丰（1851—1861）

武平长安寨

年间，同治（1862—1874）年间为避太平军，当地百姓再次重修。寨平面略呈三角形，寨墙石砌，东西长约600米，南北宽约800米，周长约2500米；设东南西北四城门，东为保合门，南为太平门，西为安全门，北为平成门。云霄寨上建有保安宫、观音庙、妈祖庙三座宫庙。山顶的保安宫年代最早，供奉马大元帅，即蜀国名将马超，至今香火旺盛，每逢打醮之日，四乡群众便纷纷上山焚香祭拜做法事。与保安宫相距不远，有一座云华山（云华山，也是云霄寨的别称）庙，供奉观音菩萨。古寨上还有一座天后宫，即妈祖庙，供奉天上圣母。

从保安宫的几块石碑，可以清晰地看到当年重修城墙的记载。云霄寨为周围“十乡仝立”,“尊居十乡之中，诚为避患之地”。“十乡”除吴潭、河口、尧里、流芳、山背、白竹外，还包括“北毗七里四乡”即上七里、下七里、大坝、店下等村落。云霄寨“邀集十乡道办团练”，由“马大元帅掌教灵威”，“镇守口寨，护救十乡”。这十乡中，姓氏有刘、梁、王、黄等，在危急时刻，“十乡”百姓全部搬上山寨居住，凭借防御功能极强的山寨一致对外，团结御敌。

3. 夯土成楼

军寨、民寨等主要选择“易守难攻”的地势高峻之处设立，在防御力量相对薄弱的乡村之间，居家生活的百姓们为了自保，又创造出别具一格的碉楼、土楼等独立式防御建筑。其中，土楼主要分布在汀江下游东侧的永定河及其以北、以东地区，以坚固且高且厚的生土墙围合居住；其他地区以筑堡自卫为主，或是另筑碉楼，有一定的防御功能。

考古发现证实，宋代寨址的生土夯筑技术和围合形式，发展成明清土楼的主要特征，土楼很可能是在明中期受到军寨的影响而形成的新的建筑形式。土楼是具有极强防御功能的向心式大型族居建筑，其外部以高大夯土墙（三至五层）围护并承重，主要建筑沿外墙环建，建筑外侧有的建有数量不一的外突式碉楼，外墙遍布枪眼。

堡楼也称炮楼、碉楼，多建在自家房屋周边，也有的游离于建筑或村落之外，独立而建。堡楼平面多为方形，以三层楼为主。

（1）永定土楼

明末清初，永定“条丝烟”加工业兴起，畅销全国及东南亚各国，每年销售 6 万余箱，收入银元 200 余万元。随着经济发展和对生态环境认识的提高，居民对住宅的要求更加迫切，提出更高要求。另一方面是由于事业的兴旺，人口的发展，为维护家族的共同利益，势必建造更大规模的楼房，让众多的宗亲聚族而居，以炫耀家族的兴旺和精诚团结，并借此来抵御外来侵袭，便进一步利用当地的竹木、泥土加石块建筑更高层、更新颖、结构更精巧的土楼，并由单家小屋发展为连屋大楼，由原二层向三层、四层、五层增高，土墙由 0.4 米向 2 米增厚。

土楼是堡宅合一的防御性民居建筑，就其外部造型，可分为圆型、

永定土楼

方型、府第型、混合型四种。

圆楼统称圆寨，一般为多层，规模较大的有二环以上的多环同心圆楼。多环圆形土楼外高内低，楼内有楼，环环相套。圆楼中心一般设厅堂，作为全楼人的活动中心。有的在外环楼外加建附属楼房，以补楼内住房之不足。为使本楼子弟有安静的学习环境，保持楼内卫生环境，一般在楼外设学堂或饲养房、厕所、粪寮等。

方楼又称四方楼。多数方楼呈正方形或长方形，高 4~5 层。内挑廊，楼梯四座设于四角。中厅 (祖堂) 设于四方的中心。部分方楼大门外以辅助房围成前院，并增设外大门。方楼纵横墙均用夯筑土墙为承重，外墙较厚，内墙较薄，木楼板，小青瓦盖屋顶。一二层对外不开窗，三层开“牛夹窗”，四层以上开大窗。

府第式土楼又称五凤楼，或称“三堂二落”，简称“三堂屋”。有明确的中轴线，左右建筑完全对称。门楼为前厅，称前堂；中间设中堂即大厅，是全楼活动的中心；后部是主楼，又称后堂。三堂外侧有厢房或走廊前后相连，三堂之间以天井相隔形成“日”字型平面。三堂的前二堂 3 层楼，后堂主楼设 3~5 层。三堂两边是二落，二落的平面是三幢同类建筑串联而成，与中间三堂相呼应，形成三个层次，前低后高，层次分明。主楼、配楼皆以夯筑土墙为承重，后堂主楼大出檐，屋面做九脊歇山顶，布局严谨，主次分明，极为壮观。

（2）清流堡楼

官坊村位于清流县赖坊镇南部，北距清流县城约 60 千米，南距连城县城约 40 千米。据重修于光绪十一年（1885 年）的《清流官坊上官族谱》载，上官文善于唐高宗时迁居福建邵武禾坪（今邵武市和平镇），为上官氏入闽始祖。宋绍兴（1131—1162）年间，六郎公由宁化上村“卜居清流丰山之麓，命其名曰官坊，别其号曰龙门”，为官坊开基始祖。上官氏始祖六郎公迁入官坊后，娶当地赖氏四娘为妻，在赖坊盆地扎根。官坊在元代形成较大聚落规模，最迟到明代，成为独立村落建置。

官坊村旧有“官坊八景”，即湖塘的“环池碧水”、屋背溪的“曲涧

香泉”、水尾庵下坂的“新堤老桧”、旧土堡的“古堡晨烟”、天保寨的“山城晓柝”、水口洞的“石洞鸣弦”、石桥头的“清荫石栈”、脚下庵的“绿柳仙源”，这些景观是村落风水环境要素，至今犹在。村内另存民国时期炮楼建筑三栋，为村落防御建筑的重要遗存。

清流官坊堡楼

官坊历史上经常遭遇寇乱兵燹，历代均有筑堡寨建炮楼。旧土堡位于村落西部，为村落早期风水建筑，兼有防御功能，今仅存基址。旧土堡之景为“古堡晨烟”，是“官坊八景”之一。赖标有诗云：“方晨临壁水，奇险信天然。御侮非因力，足兵原在田。金汤真百二，犀甲谩三千。闭户堪高枕，熙熙怀葛天。”廪生上官汝舟著诗云：“莫嫌土堡隔山岭，保障吾乡自昔传。旧事长留千古地，新晴淡绕一晨烟。遥看漠漠迷朝日，近睹纷纷映酒筵。最羡当年同力筑，而今回首意悠然。”另有重修于2003年的《龙门官坊上官氏族谱》录前人诗云：“堡筑前人避乱区，年湮古径半芜芜。晓来烟罩迷离翠，岂虑崩颓失一隅。”

（3）武平炮楼

下坝炮楼位于武平县下坝乡下坝村。下坝毗邻广东省平远县差干镇湍溪村，第二次国内革命战争时期，国民党军严应鱼部在此筑炮楼阻止红军。炮楼为正方形，边长4.56米，高6.3米，三合土加河石夯筑而成。四面墙体布满大大小小枪眼共60多个。当时共建有5座，分布于下坝乡至广东公路旁的5座山头上。

下坝炮楼

第五章　规制与尺寸

上古时期，城邑多以坐北朝南为基本朝向，平面呈宫、城、郭的两重或三重方形形态，正如《吴越春秋》所言："鲧筑城以卫君，造郭以守民，此城郭之始也。"中古时期是我国城邑演变的成熟期，其时君民兼顾，统治阶级居住的宫、城逐渐缩小，以传统的"里"为基本模数进行规划，城市布局日趋严整，有明确的南北中轴线和东西向主街，主要建筑居中轴线主街的北端，宗庙和社稷按"左祖右社"的传统居于南北中轴线两侧，东西向主街以南安排重要的中央机构的官署；封闭的里坊作为基本街区单位，周围筑有厚墙，四面或两面在临街的中央开门，一切日常活动都在坊内而不是街上。近古时期，城市商业经济兴起，商铺从集中的市井中撤了出来，散布在城内主要交通线路的街道两侧，坊墙陆续撤除，长条且形状曲直不一的街巷开始大行其道。

福建古代城池中能够管窥中古之风的，大约只有晚唐五代时期的福州三坊七巷，沿南后街西侧块状分布的衣锦坊、文儒坊、光禄坊等，坊门与坊墙的沿街矗立，隐约透射出当年严格的宵禁制度。汀州的最早城池开始于中古时期的唐代，但当时的城池设施极其简单，也未能形成规制。宋元时期，汀州府县的城池规模慢慢扩大，城内建筑逐渐增多。入明之后，汀州各地战乱频仍，城池作用日益显现，其形制、规格及内外建筑等在经历了多次修扩后逐步完善，形成具有一定地方特色的闽西城池类型。

一、用材法度

城池自出现以来，一直都是各级政权的安全所系，也是统治的象征。在中央集权的古代社会中，自上而下，自中央到地方，城池的规格与建造都严格遵循着历代王朝的规章制度，古代汀州的各级城池建置也概莫能外。

因为山水环境以及经济条件的限制，汀州各处城池的发展与演变表现出较强的独特性。同时，城池作为外来汉族移民在闽西地区推进的桥头堡，军事防御之外的文化属性极其明显，城池由此成为外来文化的重要象征。

1. 典章制度

城郭最早在夏代已经出现。《易·系辞下》记有："上古穴居而野处，后世圣人易之以宫室，上栋下宇，以待风雨。"《世本·作篇》云："鲧作城郭。"《淮南子·原道训》："昔者夏鲧作三仞之城。"城池的营造制度，在随后的几本典籍之中可以找到相应的记载。

筑城的制度最早见于《考工记》一书。《考工记》是我国第一部手工艺技术汇编，也是名闻中外的古代科技名著。其作者佚名，文字简洁，应非一时一地一人所作。关于它的成书年代，有种种说法，一般的观点，认为是战国初期齐国的官书。

《考工记》叙述"百工之事"的由来和特点，其中的"匠人"一节，记载了夏、商、周三代主要是周代的都城、宫室建筑规划，以及沟洫水利设施等情形。《考工记·匠人》是我国从东汉至清2000多年间城市规划的指引。[1]

北宋建国以后，百余年间大兴土木，宫殿、衙署、庙宇、园囿的建

① 闻人军：《考工记译注》，上海古籍出版社2008年版。

造此起彼伏，但负责工程的大小官吏贪污成风，致使国库无法应付浩大的开支。因而，建筑的各种设计标准、规范和有关材料、施工定额、指标亟待制定，以明确房屋建筑的等级制度、建筑的艺术形式及严格的料例功限来杜防贪污盗窃。哲宗元祐六年（1091 年），将作监第一次编成《营造法式》，由皇帝下诏颁行，此书史曰《元祐法式》。因该书缺乏用材制度，工料太宽，不能防止工程中的各种弊端，所以绍圣四年（1097 年）又诏李诫重新编修。李诫以个人十余年来修建工程之丰富经验为基础，参阅大量文献和旧有的规章制度，收集工匠讲述的各工种操作规程、技术要领及各种建筑物构件的形制、加工方法，终于编成流传至今的《营造法式》一书，于崇宁二年（1103 年）刊行全国。

《营造法式》的内容是李诫收集汴京当时实际工程中相传沿用有效的做法，和工匠们详细研究之后编成的，无论从设计、估算工料，还是图样表现等各方面来衡量，《营造法式》不仅体例较好，便于灵活应用，而且内容也较丰富，阐述精确，堪称中国古代最优秀的建筑著作。

全书分为制度、功限、料例三大部分，共 34 卷、357 篇、3555 条，其中第 3 卷的壕寨制度、石作制度以及第 15 卷的砖作、窑作制度等，均与各地的城池制作息息相关。其“筑墙筑城之制”如下：

“筑城之制”：每高四十尺，则厚加高二十尺；其上斜收减高之半。若高增一尺，则其下厚亦加一尺；其上斜收亦减高之半；或高减者亦如之。[①]

“筑墙之制”：每墙厚三尺，则高九尺；其上斜收，比厚减半。或高增三尺，则厚加一尺；减亦如之。

“露墙”：每墙高一丈，则厚减高之半；其上收面之广，比高五分之一。若高增一尺，其厚加三寸；减亦如之。

宋庆历四年（1044 年），曾公亮、丁度等奉敕撰写《武经总要》，总结攻守之法，指导修建各州县城池。到了南宋，陈规撰的《守城机要》，将当时的城池建筑形制不断改进与完善，成为当年筑城御乱的经典与圭臬。

① 梁思成：《梁思成全集 · 第七卷》，中国建筑工业出版社 2001 年版。

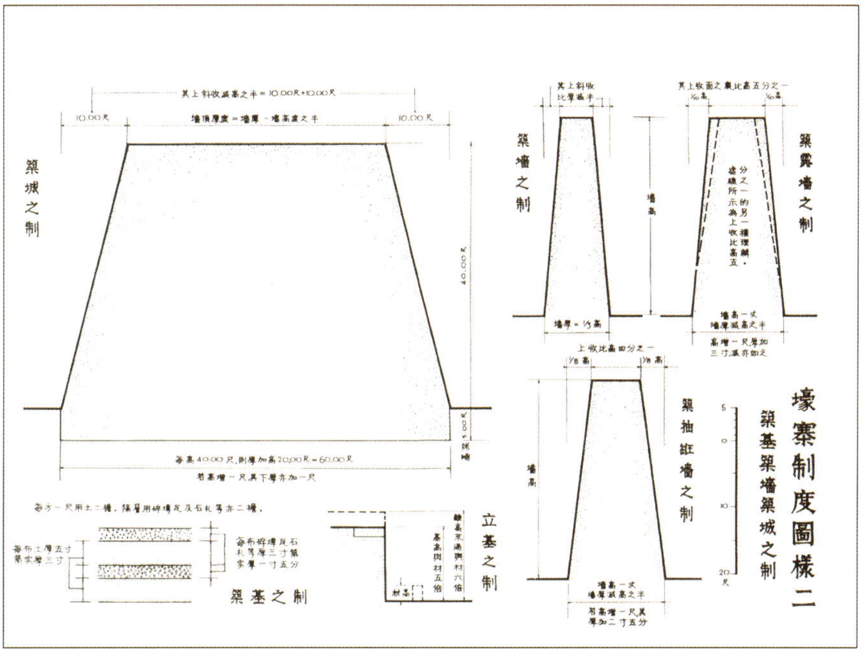

《营造法式》“筑城之制图”

《天工开物》初刊于明崇祯十年（1637 年），共 3 卷 18 篇，是关于我国古代农业和手工业生产的插图本科技著作，作者宋应星。书出现后迅速被翻译到国外，被外国学者称为“中国 17 世纪的工艺百科全书”。

宋应星，字长庚，江西南昌府奉新县人。万历四十三年（1615 年）时，年仅 29 岁的宋应星高中举人，但其后 5 次北上会试均名落孙山。在《天工开物》出版后的第二年，宋应星在江西分宜县教谕任满后，于崇祯十一年（1638 年）升任汀州府推官。这是正七品府一级的司法官员，掌理刑厅。但只在任二年，于崇祯十三年辞官返回奉新故里。[①] 宋应星任职汀州时，正是汀州城墙增修之后，在修城技术上应当没有交集，但汀州城墙的筑造及使用，仍然会对宋应星其后的见识和经验积累产生有益的影响。

2. 营造之考

在汀州各志书中，有关城池及建筑的各类尺寸，主要用到的有里、

① 潘吉星:《天工开物译注》，上海古籍出版社 2008 年版。

步、丈、尺等。

按唐武德七年（624 年）始定律令，改前朝六尺一步为五尺一步，将一里改为三百六十步，其后始成定论。如《旧唐书·食货志》:“以度田之制，五尺为步。”至清代，在《清会典·卷十七·户部》亦明文规定:“五尺为步，三百六十步为里。”

在唐代，常用尺的尺度值为 30.6 厘米。常用尺又称官尺，广泛用于建筑、测量地亩面积和日常生活中。到了宋代，常用官尺的尺度值定位在 31.2~31.6 厘米之间；但在宋代还有各种地方尺寸，如福建主要是福州地区所用的闽乡尺等，折算之后，一尺仅 27.1~27.5 厘米之数。元朝之后，有关常用尺的长度基本固定，折算为现代的尺寸，元朝一尺合现在的 35 厘米、明清一尺合 32 厘米、民国一尺合 33.3 厘米。

按以上常用尺即官尺的尺度换算为现代的公制长度，唐代 1 里约合 550.8 米，宋代 1 里合 561.6~568.8 米，明清时期的 1 里约合现在的 576 米。如果按福州地区的闽乡尺，则宋代的 1 里相当于现在的 487.8~495 米。那么，志书记载中的汀州城墙尺度与现在的公制长度相比，约合多少的换算值呢?

2016 年 3—6 月，经国家文物局批准，由福建博物院、长汀县文体局和长汀县博物馆联合组队，对朝天门、三元阁和西竺庵 3 个区域进行考古发掘，发掘面积共计 260 平方米。2020 年 3—7 月，福建博物院会同长汀县文物保护中心，对朝天门北段拆迁后新出露城墙遗址再次进行考古勘探。依据 2016 年、2020 年两次考古获得的实测数据，我们认为，汀州城墙的营造尺沿用的是 31.4 厘米的尺度值，约合宋代官尺的中间值。

（1）朝天门考古

朝天门位于汀州镇东门社区东大街，东南面临汀江，北依卧龙山，为汀州城墙东北门，现仍保留较完整的墙体与门楼。朝天门门洞的罗盘方向为 85°，内部保留了扩建的痕迹，接缝清晰可辨。门洞平面呈“凸”字形，城内宽、城外窄，两部分墙体之间的拐角宽 30~35 厘米，底部用石块和石条作为基础，其上为砖砌城墙。

长汀朝天门

在2016年的考古发掘中，获得了遗迹间的叠压打破关系。由此分析，朝天门城墙历次修建和扩建的经过为：修筑工序为首先挖出浅沟槽，用碎砖石填平后，在其上砌筑墙基（西侧旧墙），以石条石块为基础，再堆砌砖墙。增厚墙体时，亦先挖沟槽，此次沟槽挖得较深，依然用碎砖石填平，使基础更为坚固，之后再铺设砖墙。最后紧贴外墙修建的瓮城，也是在挖出沟槽后用碎砖石填平，并在顶部以细砂整平，铺设的墙砖尺寸与外墙基本一致。

2020年的考古勘探，在朝天门北段城墙遗址范围内发现包括城墙、卵石道路、房子、石铺地面、挡土砖基、挡土石基和固基填石堆积等共13个遗迹单位。①

遗迹集中分布在接近朝天门一侧，合计可分6期，其中与城墙城楼直接相关的重要遗迹分为三大期，即：

第一期遗迹：房基F1和挡土石基J3、J5。发现于城墙内部，属最早期建筑遗迹（约明前中期）。

第二期遗迹：早期城墙CQ2与卵石道路L1（明中后期隆庆年间，1567—1572）。早期城墙（CQ2）平面整体呈宽体直线形，南北走向。由

① 福建博物院、长汀县文物保护中心：《长汀县汀州城墙东段遗址考古调查勘探报告》。

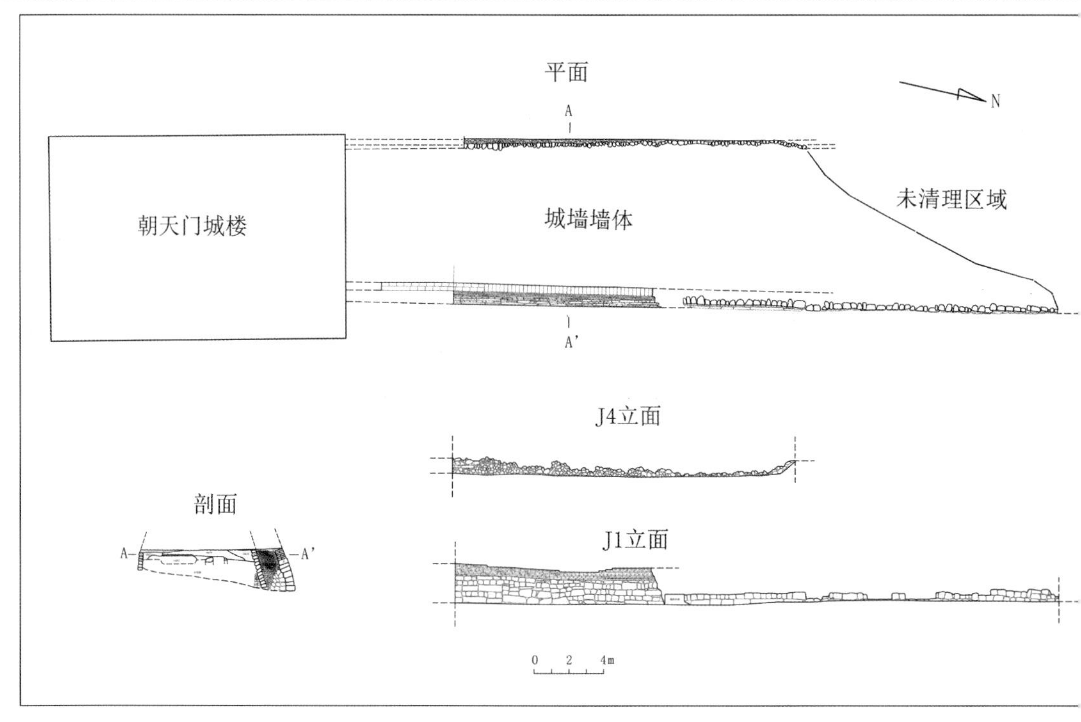

2020年度朝天门考古勘探CQ1平、立、剖面图

内外两道石基合并构成，南连朝天门城楼，向北延伸。均为中型河卵石、旧石块和毛石等错缝叠砌而成。现仅存城墙石造基础，残存长 28 米，顶部外皮宽 6.9~7 米，底部外皮宽 7.7 米。从城墙与朝天门城楼上部接触位置残迹及城楼门槛底部平面位置初步测得城墙的高度约为 6 米。卵石道路（L1）位于城墙内侧，距城墙基米，与城墙基平行，呈南北走向。揭露长 8.4 米、宽 1.1 米。平面呈直长形，截面呈稍弧形，中间高，两侧低。以稍小的河卵石细密平铺而成，边缘加稍大河卵石嵌边。

第三期遗迹：晚期城墙和卵石路 L3（明末期崇祯年间，1628—1644）。晚期城墙（CQ1）平面整体呈宽体直长形，与早期城墙走向一致。内侧利用 CQ2 城墙基。正面在 CQ2 外相距约 1.8 米处补砌一道城墙，基内充填河卵石，加厚旧城墙体从而形成新城墙。石基用经过精心打制的规则大石块砌造并白灰勾缝，上部用青灰大砖平铺顺砌形成墙体。正面墙基用石远大于早期城墙，故正面城墙更加规整和精致。目前保留底部石砌墙基和上部 6 层砖砌墙体。CQ1–J1 残存 41.2 米，其南段砖石共存，长 17.4 米。高残，最高为 2.08~2.5 米，其中砖墙高 0.48 米（6 层砖）。北段仅残存石基，高 0.25~0.8 厘米（1~2 层石基）。CQ1 顶部外皮宽 8.5 米，底部外皮宽 9.3~9.5 米。卵石道路（L3）位于城墙正面外，为河卵石铺就的道路。西侧紧贴墙根与城墙平行。具体做法为贴城墙用小河卵石平铺地面，局部路段正中部分直线铺稍大的河卵石作路中心线。中心与边缘高差相近，整体平坦。卵石铺设均较规则，东侧边缘用小河卵石掺白灰沿路嵌边，正面朝向路面，加高挡住外侧土层。南北长 15.25 米，宽 2.4~2.48 米。卵石及其下垫土合计厚 0.18 米。

（2）三元阁考古

三元阁是汀州城墙的中心所在，因城墙周边多已铺设水泥地面，故于三元阁南侧进行发掘。三元阁发掘区遗迹间的叠压打破关系如下：④ A → L3 →④ B → G1 →④ C →⑤→⑥。

长汀三元阁

G1 推测为三元阁墙体的基槽。L3 为三元阁的道路遗迹，此处为汀州城往来进出的主干道之一，反复铺设修葺（L1、L2），时间从明清延续至今。L3 所用青砖的厚度与朝天门东侧墙砖接近，二者或为同一时期所建。

清代和民国的长汀方志都提及："宋治平三年，守刘均拓而广之……辟门六，……南曰颁条、曰鄞江……东北曰兴贤……明洪武四年，卫指挥……改……鄞江为广储，兴贤为朝天，周城包以砖石……弘治己未，卫指挥张韬建广储门楼……嘉靖间，知府杨世芳始因前议筑土为县城，列七门……隆庆间，知县陈金陶砖包砌，然垣甚卑薄，郡城镇南、广储二门横赘在县城中。崇祯四年，增修县城……撤镇南、广储二门，盖合郡县为一矣……"

三元阁发掘区⑥层为宋元时期，⑤层和④ B 层皆属明清时期。上述叠压打破关系中最早的 G1 开口于③层下，打破④层，判断其年代应在明代早中期，而接续修缮于明末或清代。

结合文献与考古发掘情况来看，现存汀州城墙的基本格局形成于明早中期。虽然在考古地层中出土有早至唐宋时期乃至汉代的文物标本，证明唐宋时期汀州府城所在的区域已有生民延续，但相应于这一时期的城池遗迹，尚需进一步的考古工作。[①]

3. 材料之规

汀州的筑城技术，大约经历了从掘濠覆竹，到筑土围、筑土城，再到"包以砖石"的三个阶段；其筑城材料，有木栅、刺竹、土围、三合土、砖、石各类，并经历了土、石、砖的阶段性转变。从府县志书记载看，夯土是唐宋时期汀州城池的主要砌城材料，宋代开始用条石砌墙以及城门；城砖的应用始于宋代，但案例较少，且主要使用于城门处。大约在明中期以后，各地城池开始使用青砖包砌城墙。

在清光绪及民国版《长汀县志》中，有记录"嘉熙（1237—1240）

① 楼建龙、林恭务、林聿亮等：《2016 年度汀州城墙考古发掘简报》，《福建文博》2018 年第 2 期。

长汀朝天门城墙及包砖

间，郡守戴挺招窑户置窑于东郊，陶砖瓦包砌。甫及颁条、济川、兴贤三门。以秩满去，遂辍……明洪武四年（1371 年），汀州街指挥王珪……周城包以砖石”。从记录来看，宋代的“陶砖瓦包砌”应当是针对城门进行包砖；到了明初，才对汀州府城墙全部“包以砖石”，正式形成了墙基用条石、墙面包砌青砖的内外立面。

从城门洞的尺寸看，汀州朝天门城内部分的门洞宽 3.45 米、长 4.8 米，城外部分门洞宽 2.8 米、长 2.2 米，为早期墙体，城砖规格相对较小，底部修建有石基。城外扩建部分底部无基石，直接用青砖叠压地面砌筑城墙，门洞宽 2.8 米、长 4.75 米。

经过 2020 年度的考古勘探，获得更多建城材料的具体尺寸。按年代分期，如下：

第一期遗迹（约明前中期），挡土石基 J3，石块最大尺寸 48 厘米 ×40 厘米，最小尺寸 26 厘米 ×18 厘米。挡土石基 J5，石料尺寸普遍 30 厘米 ×8 厘米，最大 41 厘米 ×20 厘米。

第二期遗迹（明中后期，隆庆年间），早期城墙（CQ2），石料普遍尺寸 30 厘米 ×（25~12）厘米，最大尺寸 44 厘米 ×（34~14）厘米。用料以简单加工的中小型河卵石为多，少量为旧建筑的大石条。

第三期遗迹（明末期，崇祯年间），晚期城墙（CQ1），城墙基下部石料尺寸较大，最大尺寸 190 厘米 ×（50~45）厘米；与早期城墙 CQ2 之间的底部用大块河卵石充填，卵石尺寸大部分为 35 厘米 ×（25~25）米，上部填石尺寸较小，普遍为 35 厘米 ×（30~40）厘米；基内填充小河卵石尺寸 5~12 厘米不等。砌砖用青灰砖，尺寸规格有两种，一种 43 厘米 ×（22~8）厘米，一种 40 厘米 ×（23~8.5）厘米。少部分青灰砖端面或侧面印巴斯巴文（译为“卷”）。

二、城楼濠渠

城池的城墙一般兼有军事防御和灾害防御的双重功能。城墙既高且厚，这无疑会大大增加筑城的难度。因此，将城墙下部筑得很厚，城墙形成收分很大的缓坡，就很有必要。城墙收分过大，就容易登临城头，给城市安全带来隐患，因而有的城墙做成下缓上陡的形态，以满足两方面功能的需求。城濠[①]与城墙一样都是城市的基本防御设施，有的城市为了增加防御纵深，外城濠不止一道。外城濠的内侧，原先往往有一道较薄的土筑矮墙，以防止攻城方填濠并将攻城器械推至主城墙边，增加守城方的防御纵深。

一般县城的周长从一里余到十里余不等，但多数在四至六里之间，城墙高一丈到三丈，四面辟门，城隅设角楼，重要部位设敌楼。府城规模稍大，周长九里左右，长的可达二十余里，城门也相应增加，但仍以东、西、南、北四门为主，其余的门则常冠以小东门、小西门、小南门等名称。

城门是守卫重点，一般都要在门上建造雄伟壮观的门楼，门外加筑一道瓮城（或称月城），作为城门的屏障。瓮城平面或圆或方，随地形而异。城墙每隔一定距离建有敌台（亦称马面），上建敌楼，敌楼之间设窝铺（又称更铺、冷铺、窝铺楼）供军士值夜之用，窝铺的数量少则一二十座，多则六七十座。在南方炎热多雨地区还使用一种“串楼”，即在城墙上建造长廊式屋宇一周，使整个城上的警戒线处在屋顶覆盖之下，以避骄阳淫雨之逼。唐大中（847—860）年间，福建汀州刺史刘歧创敌楼 179 间，宋代又增设 515 间，如此众多的敌楼已和串楼没有区别。

雉堞又称女墙、垛口、俾倪，其目的是在守城时遮蔽自己、窥视和攻击敌人，因兼有拦马防坠的作用，所以又称拦马垛口。城上内侧砌有平直的女墙作为护栏。

1. 周以高墙

千百年间的汀州各处城墙，基本都经历了扩大、增高并“坚而固之”的过程。加固城墙的手段主要有三种，即加高加厚城墙、修缮立面砖石、增加或加高雉堞等。但在汀州府城的发展过程中，还有一次重要的“并廓

① “壕”与“濠”通用。从南方的实际情况看，写作城濠更为贴切，但无水的战壕、壕沟等还是应该写成“壕”。

入府”过程，就是将原本相邻的府县城墙合二为一，以城池规模的扩大，达到防御能力的整体提升。

汀州府城在宋治平三年（1066 年）时，由郡守刘均拓而广之，周围五里二百五十四步，按古制换算，约合 3224.8 米；高一丈八尺，约合 5.65 米；浚三濠，深一丈五尺，约合 4.71 米，西引南拔溪水流东以绕之。嘉靖四十年（1561 年），知府杨世芳自通津门西去数百丈，逶迤而南，东迄济川门一带，立城围之。筑土为县城，周六百一十九丈九尺（1946.5 米）。隆庆（1567—1572）间，知县陈金“陶砖包砌”，然垣甚卑薄。崇祯四年（1631 年），增修、崇阔县城城墙，拆除“镇南”和“广储”二门，郡城和县城始合二为一。

按规制，天下郡治必附县而后尊，郡城以有县而始大。汀州府、县长期分治，县城附郭于城外，故环城为右厢，而左厢在溪外。跨溪而桥，时平居散民，玩且嬉。有警趋右厢保城，门不能容，寇躏之，尽为俘。并县城入府城的经过，有文记之：

长汀城区图（引自清光绪版《长汀县志》）

姚江石帆杨公守汀二年，有张琏变。始张将来瞰虚，公骤御之壁溪外门。其桥既内左厢兵断，民恃无恐。公于是知民保城，民固不敢以城必公也。会北川陆公，持督命，率远近兵驻郡。公昼调器食，夜穷筹划。嘉靖壬寅九月平琏捷，其冬，吉水王公邈令长汀，随公度城。惊曰环长汀为城六百一十九丈九尺，其上为雉二千一百八十有奇，砖埴之工万，楼橹之工千土石之工二百。自辛酉十月讫春二月，为日一百五十。城倏成，而民不知。咸户祝遥之仁爱祠中。……夫城，汀之垣也。城不足，则垣不周。无东西厢，则长汀不可县，长汀不县，则治不尊。保长汀保郡也……

汀州城墙的东、西、北三面城墙在崇祯八年（1635年）得到增修，此次修筑之后，城池规模基本稳定，其周长总计一千二百八十三丈（4028.6米），高二丈二尺（6.9米）；雉堞两千一百一十个。

上杭县治于乾道三年（1167年）徙至今址，先置署衙、庙坛，于端平元年（1234年）由县令赵时钺创筑城墙，周一百六十步（251.2米），“覆

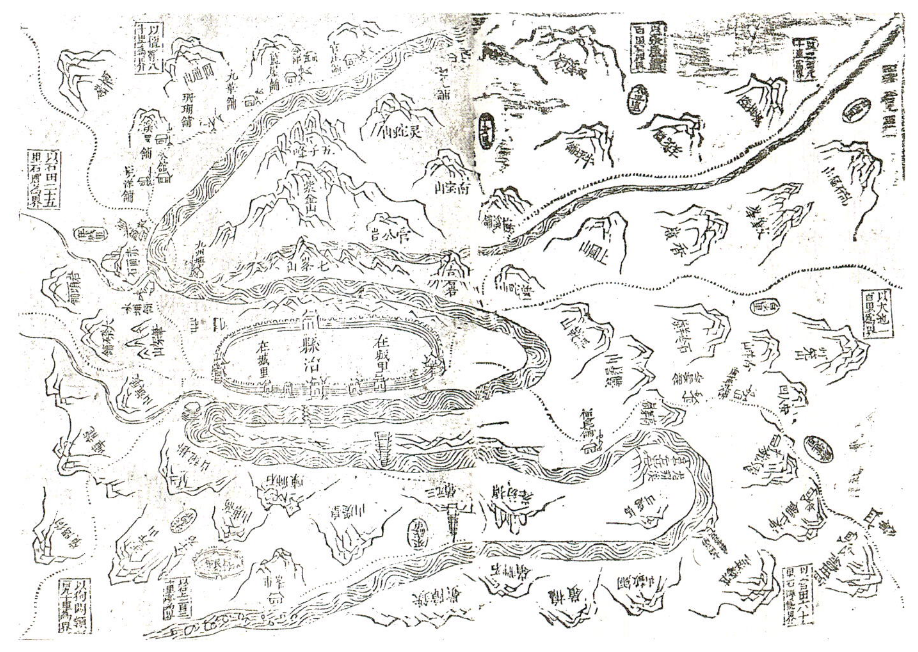

上杭城图（引自清同治版《上杭县志》）

以茅竹，转车激水，注为濠池”。寻毁。宝祐二年（1254年），县令潘景丑修筑石城。元至正（1341—1368）年间，摄尹郑从吉拓旧址，增至周围五百一十五丈（1617.1米），高一丈（3.14米）。明天顺六年（1462年），溪南阙永华乱，调汀州卫右千户所官军捍御其地。成化二年（1466年），巡按朱贤以城狭不足以居军，檄知县胡钺扩建城池，成化八年竣工，周围一千四百二十四丈六尺（4473.2米），宽二丈（6.28米），南临大溪，砌以石，高三丈有奇（约9.5米），东、西、北并甃以砖，高减于南三之一（6.28米）；濠广二丈（6.28米），深半之（3.14米）；雉堞两千三百三十八个，铺舍三十三间。崇祯（1628—1644）年间，知县卢跃龙增高城墙五尺。清乾隆八年（1743年），知县史园修葺雉堞两千六百三十二个。

武平县于宋绍兴四年（1134年）由使相张浚修筑土城，周围二百八十步（439.6米）。明弘治十三年（1500年），郡丞黄冕和通守刘渊始扩旧址，增筑砖城，至弘治十五年十月竣工，周围七百六十三丈（2395.8米），高二丈有奇（约6.3米）；雉堞一千五百三十个，铺舍十六间。崇祯元年（1628年）春，山寇围城，知县巢之梁拒之，伐木

武平中山所（引自清乾隆版《汀州府志》）

列栅；寇平，增高城墙三尺。康熙十一年（1672 年），知县刘旷修饰各城垛。

武平所城于明洪武二十四年（1391 年）由汀州卫指挥黄敏修筑，周长二里百八步一尺（约 2600 米）。洪武二十八年，本卫指挥李虎甃砌以砖。明正德元年（1506 年）至嘉靖十九年（1540 年），在老城南北隅增筑新城和片月城。嘉靖十九年，漳南道侯廷训增筑新城，修四百二十五丈（1334.5 米）、高二丈三尺（7.2 米）、广二丈（6.28 米）。三城并立，互为呼应。

宁化旧城周二百八十步（439.6 米），于宋端平（1234—1236）间由县令赵时錧累石砌之，增筑城墙五百丈（1570 米）。明正德十一年（1516 年），知县何鉴按民之请，砌筑砖墙，周八百一十二丈七尺五寸（2552 米），窝铺六十。

清流于宋绍兴（1131—1162）间筑子城，周二百丈（628 米）；元末，陈有定因山南之险，广其故址，垒石为城，高丈余（约 3.2 米）。明正德

宁化城池图（引自清康熙版《宁化县志》）

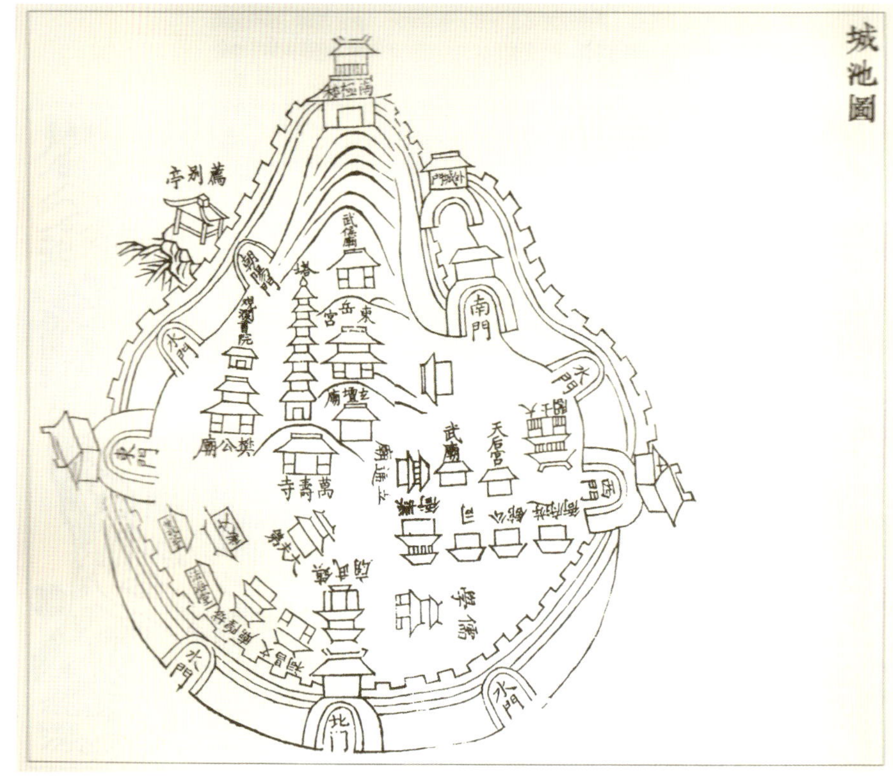

清流城池图（引自清道光版《清流县志》）

明溪县城图（引自明万历版《归化县志》）

四年（1509 年），知县林湜修筑石城，周围四百四十丈（1381.6 米），每丈修筑雉堞三个。

明溪于正德九年（1514 年）由知县杨缙创建城池，周七百六十余丈（约 2390 米），高一丈三尺（4.08 米），厚七尺（2.2 米），垛眼一千六百有奇。嘉靖三十七年（1558 年），知县杨一昂增高城墙五尺。崇祯十七年（1644 年），知县吴国斗增高城墙二尺。

连城于南宋绍兴五年（1135 年）由知县事丘钦若首次筑土城三百丈（942 米）。明正德四年（1509 年），知县蒋玑增筑土城七百余丈（约 2200 米），并在四周围筑木栅栏。正德九年，改土城为砖城，共筑砖城墙七百七十余丈（约 2418 米）。正德十四年，县丞黄钟岳将城墙增高至一丈七尺（5.34 米）。

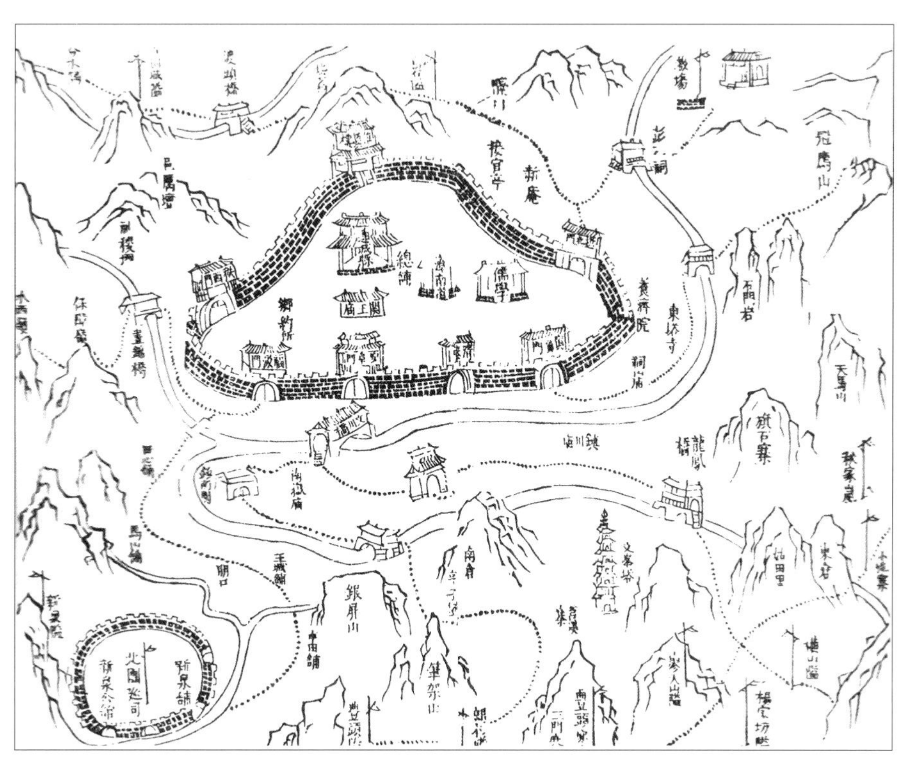

连城县城图（引自清康熙版《永定县志》）

新泉汤背寨于嘉靖四十年（1561年）筑土围四百余丈（约1260米）。万历三十年（1602年），县令徐大化重修汤背寨城，改土墙为石墙，共筑墙五百零六丈（1589米），高一丈五尺（4.71米）。北团寨巡检司城周长约1000米，高约5米，东南西向大部分为砖墙，北依山部分为土墙。

永定县城城墙于明弘治七年（1494年）开始兴建，到弘治十年建成。周长七百六十六丈六尺（2407.1米），用条石为基，以陶砖砌墙，墙基宽二丈半（7.85米），墙面宽为底宽的三分之二（5.23米）。墙南临田，高二丈九尺（9.1米）；北依山，比南墙矮十分之一（8.2米）；墙内外马道宽一丈五尺（4.7米）。

永定县城图（引自清康熙版《永定县志》）

抚民馆城周长一百七十二丈（540米），高一丈六尺（5米）。河头城周四百八十七丈（1529.2米），高一丈八尺（5.65米）。

2. 城门楼台

城门是让城内外的人可以出入交通的要道，也是防御最薄弱的地方。每逢战争时，城门就成为攻防的重点。

城门的数量原则上要视其行政级别而定，除兼顾堪舆风水、地理环境等因素外，更多是受城池规模、形制和城内外交通的影响。府城通常八门，而县城多为四门。城门的方位，是筑城时的重要考量之一。县城的四个城门通常是设于东、南、西、北四方，对于多设的一两个城门，依其接近哪个主城门的方位而命名，如上东门、小西门等。

城门是人们进入一个城池的第一印象，所以不仅体态壮观，城门的

汀州城图

命名也往往深具含义。汀州各处城门的名字深受传统文化思想的影响，遵循的原则：一是其所在的地理环境，二是其所在的方位及朝向，三是与农耕生活密切相关的四时与八卦等。

城门的形制，有不带瓮城和带瓮城的两种。瓮城作为掩护城门加强防御之用。《武经总要》对瓮城的形制作了记载，称："其城外瓮城，或圆或方，视地形为之，高厚与城等，唯偏开一门，左右各随其便。"

汀州城池所见之城门，形制皆作砖石发券式门洞。城门之上多设有城楼。《守城机要》称："城门旧制皆有门楼，别无机械，不能御敌，须是两层，上层施劲弓弩，可以射远，下层施刀枪。又为暗板，有急则揭去，注巨木、石，以碎攻门者。"

以汀州之宝珠门为例，其始建于明代，为石、砖、木结构，城楼穿斗抬梁木构架，单檐悬山顶，青瓦屋面。有瓮城，城门分为内外双重，中间辟有天井。城门甬道总长 23.8 米，宽 3 米，拱高 3.1 米。民国版《长汀县志》详细记录了宝珠门的修造过程：

> 郡城北卧龙山，朝天丽春通津各有月城。唯宝珠门旧属邑城，未有设也。先附郡广储门，此为重关，近广储卸。而宝珠一带通为郡城，其前环罗坊，平衍绣错，无险可据。路冲黄峰古城诸隘，复为岩洞窥瞰地。使无月城，则单关可虞。先崇祯癸酉修邑城时，已确议增筑，以资匮中止。越丙子秋，郡侯元谷唐公祖增修郡城，即以此地宜月城，附檄三院。行允分授长汀令任，无何以令稽程，讫丁丑春正月十三日。侯与郡丞黄公根心，司理唐公玉乳，别点材子弟二十四人，给钱督工，经始营焉。先时以为蕞尔易集，及筮工之日，从塘起迄，掘堑垒石。众咸告，绵力难支，乞如前数。加缘首佐之，加给钱亦如前数。阅三旬而月城告成，周围长六十丈，高一丈五尺，厚称之为门者一，为垛九十，为郭屋三间。费用砖以数万计，灰称之视前估且倍蓰，而皆出自侯，多方撙节，多方拮据，以免繁骚。于成箦且也，戍楼卑狭，复授值于匠八十金，移慈济阁，竖之而阁，钜于城，复扩城而阁焉。故高峙郡楼之前，形家有贵人不相朝之说，移之则两利，侯真有长算哉。又旧惠吉门卑隘无戍楼，复移宝珠残料，更新楼之费，不忍佽科闾左，力不忍重督子民，复撙节捐资五十金，亲给工匠，增

广城闉，鼎立戍楼，额曰正笏，取楼面笏山也。工竣之日，屏珠峰而拥相麓，浚西堤而环双溪，真如带砺。加以长桥直锁，官曜贯虹，吭扼黄峰古城诸要害，如控铁瓮，罔有寸隅缺陷。与奸宄以窥瞰者语云："天不满东南，地不满西北。"侯统四面城而巩固之，且雄建重关，功直补天地矣。使侯少安帑未不务为措置，以结此全局，则龙山犇突，郡城何以晏然托上游哉。侯诚为汀计，千百年者，迩塘凹小警，一纸靖之。亦恃此坚壁。为建威销萌，樽俎折冲，古语信不诬也。自兹以往，宁静之福，汀永赖之。

长汀宝珠门

宁化旧城开 4 门，东曰连冈、西曰通赣、南曰道爱、北曰朝宗。宋端平（1234—1236）间，令赵时錧增设上东门，改连冈为迎春、道爱为端平、通赣为通圣、朝宗为朝天。明正德十一年（1516 年），开水门四。万历二十四年（1596 年）重建北门，万历三十年重建南门，崇祯元年（1628 年）重建西门城楼，城门数量仍为 5 座。

上杭县城：明成化二年（1466 年），巡按朱贤檄知县胡钺扩建城池，开设四座城门，东门"昭阳"、南门"通济"、西门"通驷"、北门"迎恩"；三座水门，上南门"兴文"、中南门"阳明"、下南门"太平"；各门建有城楼。崇祯（1628—1644）年间，知县卢跃龙修筑东、西、北三门，

朝宗/朝天门
宾阳门
小西门
通赣/通圣门
连冈/迎春门
宁化县
道爱/端平门
龙王门

宁化城图

迎恩门
昭阳门
上杭县
通驷门
太平门
阳明门
通济门
兴文门
登瀛门

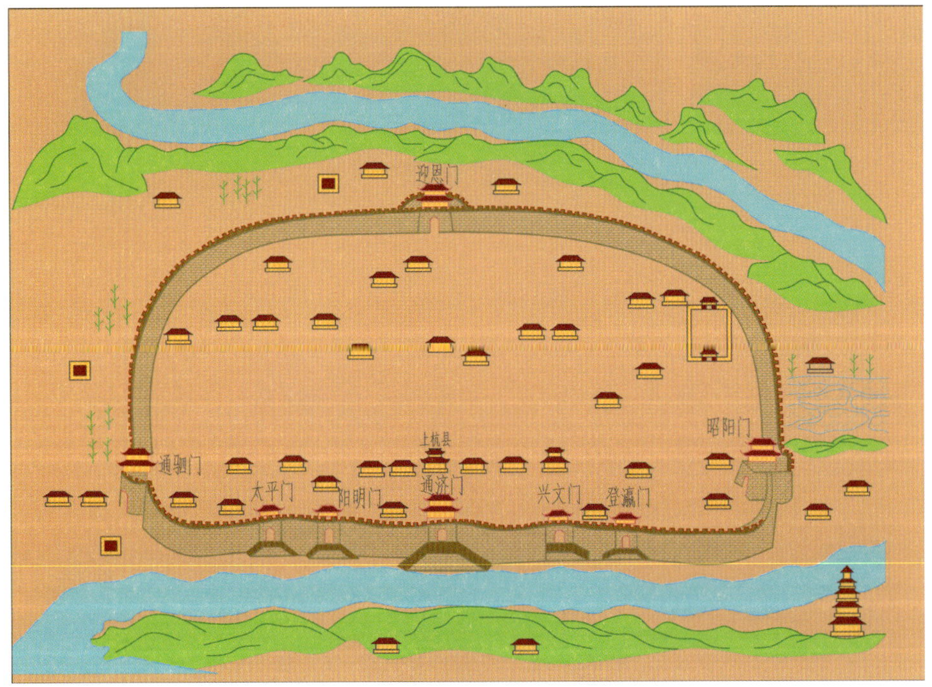

上杭城图

上杭太平门

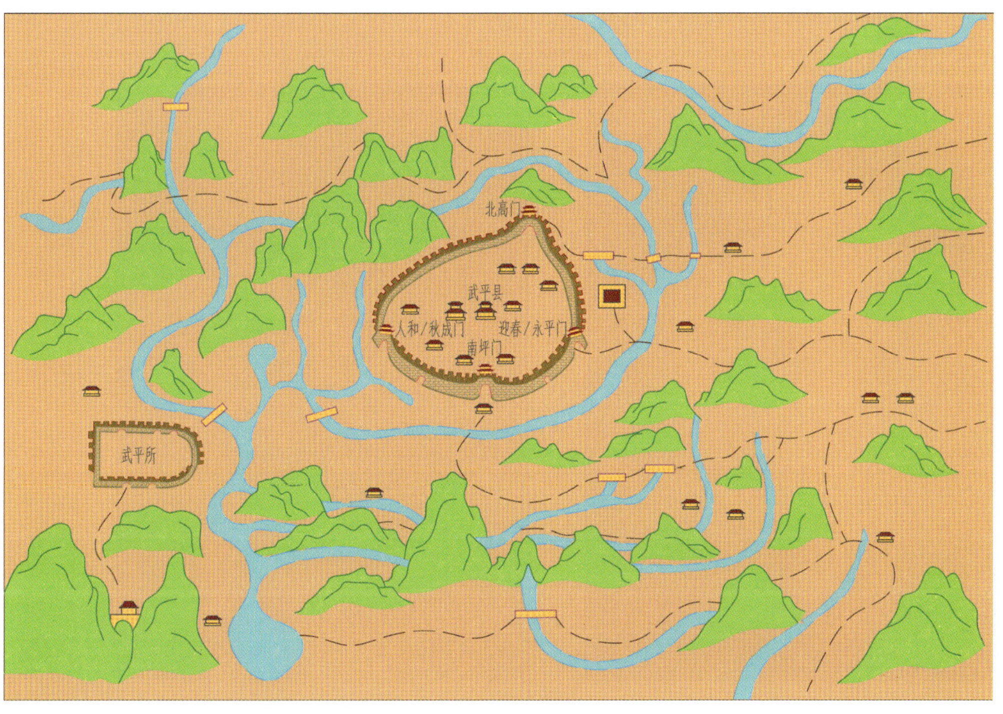

武平城图

“筑郭护之”。清康熙五十三年（1714年），在兴文门以东再开设了“登瀛门”，至此共有城门八座。现仅存阳明门、太平门两座城门。

武平南平门

武平县城：宋绍兴四年（1134年），在土城上开设三座城门，东门“永平”、南门“南安”、西门“人和”。元至正（1341—1368）中，县尹魏侃夫进行修葺，保留两座城门。明弘治十三年（1500年），郡丞黄冕和通守刘渊始扩旧址，开设城门四座，东门“迎春”、西门“秋成”、南门“南平”、北门“北高”；东、西水门两座，以泄洪潦。清顺治十八年（1661年），知县朱之焜修北门城楼。康熙十一年（1672年），知县刘旷捐资重建南北二城楼。

武平所城迎恩门

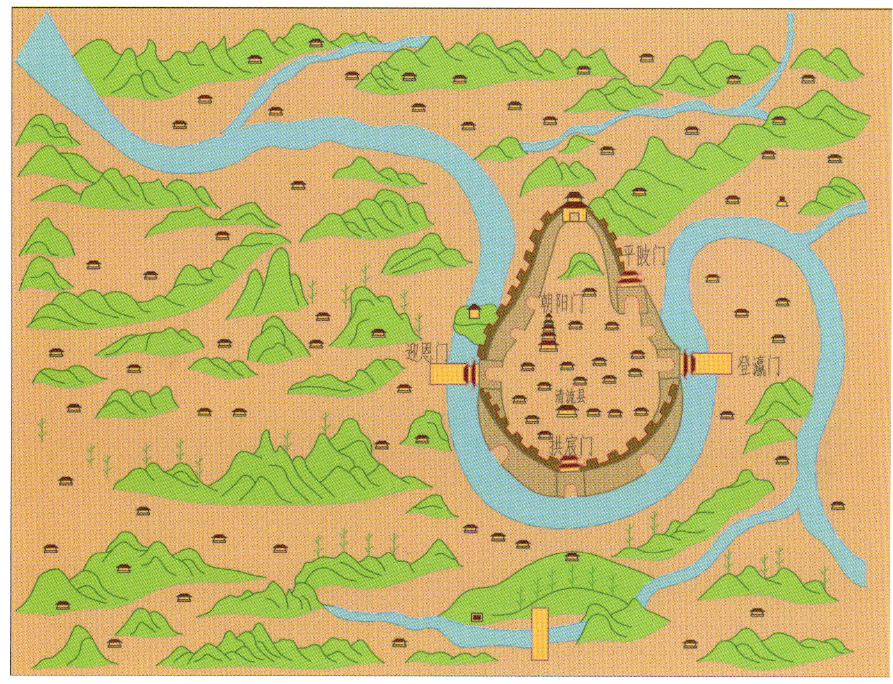

清流城图

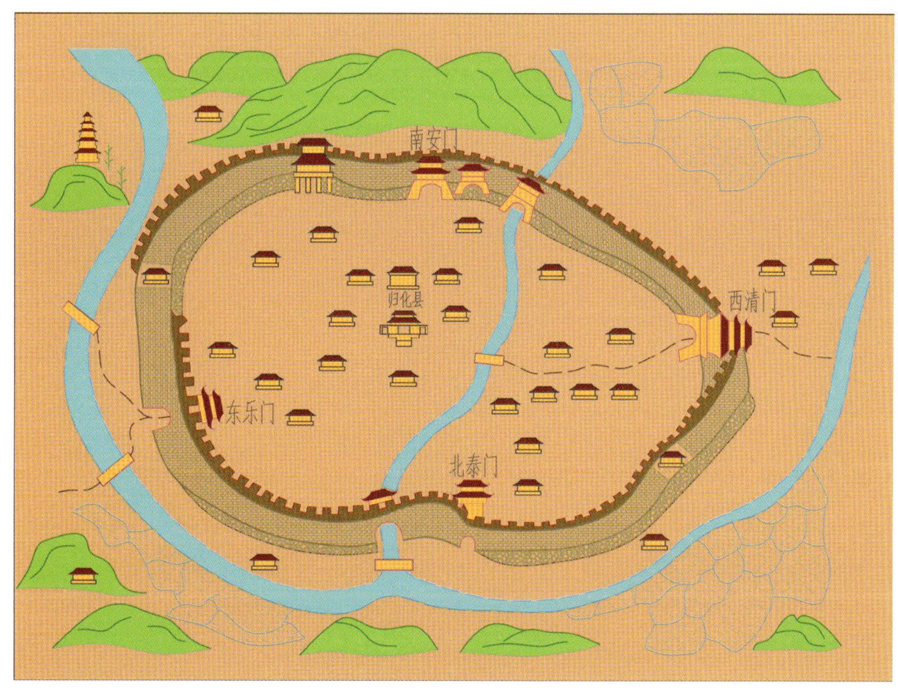

明溪城图

武平所城：嘉靖十九年（1540 年），三城并立，互相沟通，计有城楼五座、城门八个，称迎恩门、永安门、常乐门、通济门、朝阳门、水门、永定门、文明门。现仅存迎恩门，为石砌拱门，高 4.1 米，宽 2.8 米，进深 12.9 米。城门横额石刻“迎恩门”三字。

岩前城：设城门四个，称迎喜门、靖远门、阜安门、宝门，均建有城楼。

清流县城：设四座城门，东门“迎恩”、西门“登瀛”、南门“平陂”、北门“拱宸”。明正德四年（1509），开设五座城门，即在东南方向另开“朝阳”门，形成东、西、北各一座，南边两座城门；另外在东北、西北、东南、西南面各开水门一个。正德七年，增设铺舍十二间，敌楼一座，即南极楼。

明溪县城：城池于正德十二年（1517 年）建成，为门四，东曰东乐、西曰西清、南曰南安、北曰北泰，南北水关二、敌楼三。嘉靖三十九年（1560 年），知县章宗实修筑四门月城，浚月池即护城河以捍之。崇祯五

连城城图

新泉涌金门

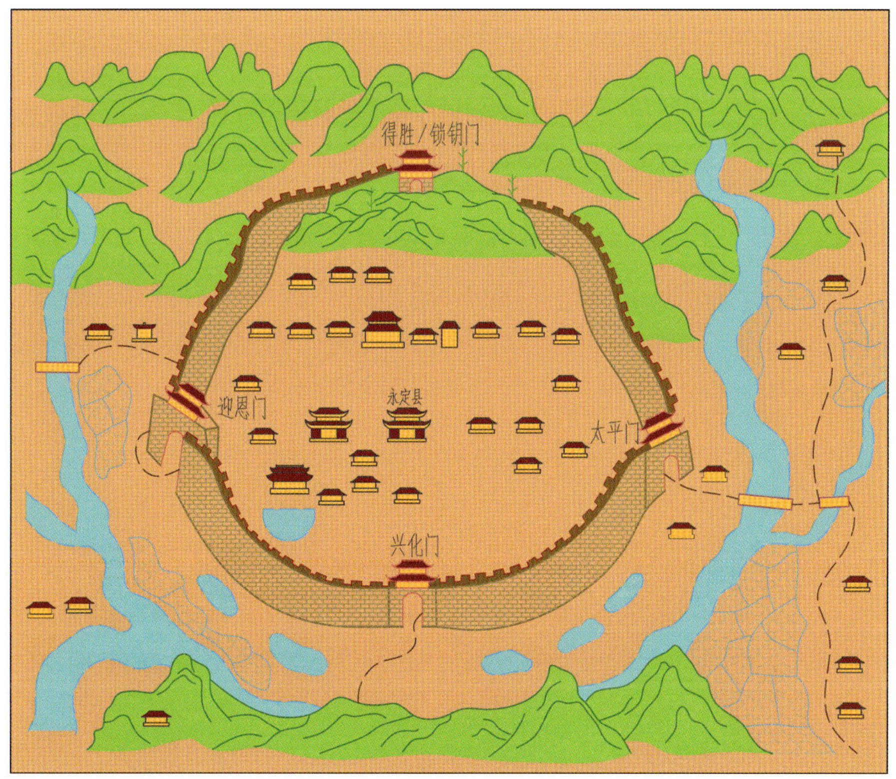

永定城图

年（1632年），知县杨起鳌修建东、西敌楼，修葺南水关等。

连城县城：乾道二年（1166年），知县事杨立中加以修葺，建三座城门，东门名“朝京”（后改“通京”）、西门名“腾骧”（后改“秋成”）、南门名“龙川”（后改“薰风”）。明正德四年（1509年），修建城门六座，其中大城门四座，东门名“寅宾”、西门名“秩西”、南门名“安阜”、北门名“拱北”；小城门两座，东水门名“福汲”、西水门名“清泰”。

新泉汤背寨（俗称新城）：设城门五座，东门为“启明”，西门为“涌金”，北门为“崇庆”“锡极”“浴德”。崇祯十三年（1640年），原汀州府卫参军林尧培署北团司时，协同知县雷同声增修寨城女墙和城楼，改“启明”为“晋明”、“涌金”为“拥金”、“崇庆”为“集庆”、“锡极”为“朝宗”、“浴德”为“日新”。

永定县城：开东西南北四个城门，分别为“太平”“迎恩”“兴化”“得胜”，门上建城楼。嘉靖三十八年（1559年），在北门砌砖处填三合土加固。

3. 濠沟塘池

城池周边与防御有关的建筑配置，除城楼与城墙、城门洞、瓮城、雉堞、马道、窝铺外，一般还有宽阔且深的护城河。护城河是在城墙外挖的一圈濠沟，也称城濠。由于汀州城墙的主体多是土筑，建城之时挖出来的濠沟泥土，就成为夯筑城墙的主要材料；因此，城濠挖得越深，城垣也就筑得愈高。

确定城址时，会选择既有充足的水源，又能通畅地排洪的位置。城墙虽然主要是为军事防卫而筑，但也是重要的防洪工程，在抗御洪水时对保护城内居民起着重要作用。此外，许多城池会采取沿河筑堤、建闸通舟、开渠疏流等措施，化水害为水利。受水道穿城的影响，依山濒河的汀州各地城池中还有一定数量的水门或水关，设于城墙底部，连接城内水道与护城河。为了防止敌军由此爬进城内，水关口会用厚实的石条作为阻隔。

城内泄洪首先有赖于基地高爽以及适当的坡度，有的城市城内地形对泄洪很有利，有的府县城基地向一面或若干方向排水。南方城市城内有河道，既是水运交通脉络，又是排水系统，水城门就兼具有节制内外交通和洪水倒灌的双重职能。但汀州的所谓“水门”往往并不作为城门使用，而是排水沟渠穿过城墙所设的涵洞。

堑濠，即掘深濠以为险阻。堑濠既周，徒营高冈。有城斯有濠。汀之有濠，自宋治平三年（1066年），郡守刘均西引西溪水入西瑞，出挹清，以汇东溪。自宋至明，濠池久为军卫侵占。明嘉靖五年（1526年），太守邵有道履任，令各改正。城要通津门外，山半有西峰寺逼近城楼，拆毁墟其地。自基起至通津止，新开濠八十二丈，阔七丈五尺，深五尺五寸。旁西有弓箭局，东西长五十一丈，南至北阔四十丈，内塘十口，年取鱼鲜以资造军器者。自通津门起至广储止，濠长一百六十丈五尺，阔八尺，深四尺。濠之中有夹洲，自东至西长三十并丈五尺，北至南阔一十七丈。洲之南又有夹濠，自朱紫坊敌楼起，至广储门外中心街止，长一百丈五尺，阔五丈五尺，深六尺。濠之东西南北有板闸四处，以积水又植莲。西一濠以资用。濠之南有射圃地一片，长四十丈，上阔一十五丈五尺，下阔一十三丈，为府县学教官蔬圃。圃后北有官塘一口，长十丈，阔九尺，深四尺，府学管业。又塘一口逼近养济院西，长五丈，阔四丈，深四尺。县学官塘自广储门起至镇南门止，濠长六十七丈，阔八尺，深五尺。镇南门外撤逼城屋二十余间，官地二片，各长九尺，右阔八丈，左阔五丈。城之南有舍学区，长七尺，阔四丈六尺。自镇南门起丽春门止，濠六十五丈五尺，阔八丈五尺，深五尺五寸。丽春门之西，有紫微门一座，下有巨沟通濠水，南注于河。门之东有紫衣门一座，官地两片。又自紫微门由东迤西撤逼城房屋百余间，官地一片，长一十三丈，阔六丈。丽春门外。傍城左右有官地两片，各长三丈，阔二丈五尺。济川桥一座，长虹屹然。环以鄞江，宛然画图。自丽春门至朝天门以抵卧龙山北，其濠长二十六丈，阔一十二丈五尺。濠之中有夹洲，长一十七丈，阔五丈五尺。洲之上有天妃宫，木高逼城，亦去之。洲之东有夹濠，自南岸抵北通水源处，长八十六丈，阔八丈，深六尺。通水源塘一口，周围共三十三丈，深四尺五寸。门外两旁拆

长汀水门

去逼近城屋三十余间，取回官地二片，左长十三丈五尺，阔五丈一尺，深五尺；右长十三丈，阔十丈。近城濒河岸官地迤西长四十六丈，阔二十丈。龙山迤东北，其山下有塘三口，逼近无祀鬼神坛，共长四十丈，阔八尺，深五尺，悉造为官濠，以附城。城东二里许，又有印塘一口，塘二十亩，田二十四亩一分，地二亩，皆官业。向北则重岗复岭，剑峰崚石，难以疏凿。自东至西，周遭城脚，空地俱各阔一丈二尺有余。东引龙陂水，西引南拔陂水，交互灌注，会南河以赴于海。未几复淤，嘉靖三十四年（1555年），署府同知李仲重僎浚之。崇祯四年（1631年），扩城，指濠为废地，九年变值，作修筑费，而濠遂永废矣。今由小西门，入经三元阁下，古镇南门之官圳，即濠之遗迹也。

知府胡肇智撰《汀州浚城壕记》，对同治元年（1862年）的疏浚城濠做了详细记录，兹录之于下：

汀郡倚山为城，城内有壕，西城入，东城出，逶迤曲折，将五六里，名曰“贯城壕”，所以宣泄山水，疏通地脉也。其壕面宽者五六尺，窄者三四尺，两旁民舍鳞比，尘滓瓦砾以及污垢之物，无不于壕是纳，日积月累，阻滞不通，其甚者塞为平地。一遇大雨时行，所在水潦，城市之中，民皆病涉。盖此壕之失于浚治百数十年于兹矣，而其所以因循日久者，役重而费繁也。咸丰辛酉，余奉命来守是邦，下车伊始，躬亲履看，招匠估工为疏决计，而士民皆以费艰辞。盖地方被寇之后，物力艰难，百姓方迫于饥寒，奚暇计及于浚壕？况时方冬令，水潦无虞，囿于目前，固无足异。然有一策焉，不费民财而浚壕之功可举，其机殆不可失，士民特未之知耳。是时，粤寇退甫数月，城内尚养民夫百人，供夜击柝之役，其口食皆取给于民，食盐折色汀食粤盐，向有给郡城十三坊民食定额。咸丰三年，邻氛不靖，众议将

长汀三元阁段壕渠

民食额盐折色为防堵费，延今尚未复旧。余乃集绅耆而谕之曰："尔等患浚壕之无费乎？击柝之夫可移而用也。"于是选强壮者六十人，以其半仍拨四城击柝，以其半浚城壕。至朔、望，则彼此轮换，使均劳逸，勤者有赏，惰者有罚。条规既定，众皆曰善。乃以同治初元正月二十八日兴工，……自春徂秋八阅月，计役夫七千有余而事毕。百数十年淤塞之壕，一旦流通无阻，水潦之患遂除。

4. 街巷井渠

由城池而别街巷，由街巷而详渠井。正所谓改邑不改井，井渠的存在，相当于是一座城池街巷的地下化，而地面与地下的流水，固与城池相为表里。

以永定县城为例：其为街也，自东门穿城而达西门者曰大街。自漳南道右接大街，南下折西数步而出南门者曰南门街。自漳南道左接大街，北上达龙冈者曰城隍街。邑中之为街者止此。东西径直为一，南北屈折为二，大概则十字中分也。是皆建邑之初知县王环经画。成化十八年（1482

长汀古井

年），甃石砥平，今犹利之。旧志载大街阔二丈，南门街阔一丈五尺。今则市宅潜侵，得尺则尺，得寸则寸，殊不如旧矣。若四周通行，自东而南而西，皆由城脚马道。唯北而自大街之西元帝宫前，历东岳庙右，沿水圳北上，过山麓，至乾圳头，南下而出大街之东。盖城北阻山，不能为通道。

巷之东西通者十。又大通衢之东，有东行过布政司前而达东城脚者，有东行过十二家而达东城脚者，皆半巷也。巷之南北通者四，在东者二，在西者二。布而列之，而纵横经纬，若缕纹之示诸掌矣。

其渠来自杭陂，由西城翼而入东南。流经九断石，又东经荒园，又东经秘书巷口，南折至登云坊，东折经圳巷出东城门右，是为渠身。为交流者四。自西而南而东，入水者一，出水者七，故俗有“七孔八窍”之谚。导而疏之，而条分派注，若荣卫之周于身矣。

井则五方各凿为一。中井，在县署仪门右，今湮；东井，在拐角头；北井，在龙冈下；西井，在元帝宫前。唯南井在锦衣坊左者，泉味清冽，应汲不穷。先是邑人吴璘开凿，深三丈，基稍狭。其曾孙吴懋中拓地五尺，汲者便焉。

第六章　营城与理念

中国的古代城市特别是近古时期的州县城池，基本都是政治性的建制，有着统一的规划思想甚至强制性规范。如《武平县志》所称："自崇伯作城，城，盛也，所以盛民也。谷梁子言，城以保民为之；是筑城为民，非为官也。然一邑之地，大数百里，小亦百里，安能尽纳其民于一城而保之？"以汀州城池而言，营城的理念，不外乎"卫官、保民"两种。

一、筑城立寨

城池与堡寨数量之多，一方面是出于防御方面的现实需要，但也从另一方面反映出当地人们对筑城、掘濠这一圈地保卫形式的心理认可。无论是大型的府县城池，还是小规模的寨堡炮楼，其营建与修缮都要耗费大量的人力物力，在一定时期内建造的数量和规模与各地的经济实力成正比，同时也是各地生产与营造技术成熟程度的真实反映。

府县城池之外，一些重要的乡、村也在明中期以后开始建造城墙、设置城门，一时未及建造城墙的，就在村镇外围树立木栅、开凿濠池，或是在村落内部以及外部的高冈建筑堡、寨，以备不虞之患。远离城市的乡村为防卫起见，炮楼、土楼等规模相对较小的防御性建筑开始大行其道，高大的院墙在村落内外、田间山顶随处可见。

1. 营缮工费

城墙营建与修缮的费用，一般有“国帑”和“捐输”两种，而捐输的部分，又可分为官吏和绅民两种，绅民的捐款，又有“自捐”“劝捐”“派捐”等多种形式，这可以从多处文献中得到说明。首先，城墙之建属于地方大事，必须由当地主官会商之后，逐级上报，获批之后，出府库公费为主要营造之资。但因地方财力往往不敷所用，这时就需要地方官员多方筹措，甚至四处摊派、化缘；本地财力不足时，还要向外地集资等等。如果公费充盈，则结束之时要进行结算，多余部分还回府库，或用作其他重要的公益事项。

汀州地处三省交界之地，随着明代省界边患和沿海倭寇日趋严重以及阶级矛盾的发展，各地府、县普遍修筑城墙，并绝大多数贴砌了城墙的砖面层，以提高防卫能力，从而使明代成为汀州筑城史上的一个高峰。制砖生产能力的提高，一方面为城墙的坚固及持久提供了物质保证，另一方面也带来了建城成本的大幅提高。自古以来，汀州并不富裕。但城池之营建，又必然需要大量的人力与财力支撑。两难之间，汀州建城的费用，基本采用国库为主、捐俸捐资等多种举措。民国版《长汀县志》对弘治（1488—1505）年间城墙补葺及其后丽春门修建的“会计营缮之费”做了说明：

> 汀有土城，开郡草创。洪武初，指挥王珪始周城包砌以砖。址畔皆山林，城中烟井不及半。……皆小小补葺，未有能鼎新而改之者。（弘治）戊午春，张侯韬主卫事，乃具事曰于当道。于时，前参议王公琳，檄侯偕同知黄侯冕，会计营缮之费，遂以董焉，既而太监邓公原，御史胡公华，特允厥议。继以都御史韩公邦问，左参政俞公俊。佥事刘公恺。咸令如数出府帑改作而一新之。二侯自领檄以来，协心殚虑。卜吉鸠工。经始，于己未冬十二月丁丑。落成于明年夏六月癸未，给公帑四百两有奇。以充百费。仍积出五十余两还于官。毫发无所侵。……庚申年，又建丽春门楼。……初出府帑三百金，以公议也，及是羡二十金有奇，复诸帑焉。

相比于之前的汀州城墙修缮，明末崇祯（1628—1644）年间将汀州府、县城墙撤并归一的浩大工程堪称史无前例之壮举，但财力之筹措亦艰难无比。这可以从汀州在崇祯年间的扩城动议及经费构成中看出：

县城依府，府城依山，依府者为府城所阂，如一室两分，邑人苦之。依山者借九龙为险，外凝中脆，风雨恒摧之。崇祯三年，前直指罗公按汀，循士民请，议撤中扩外疏上报可，太守笪公详请金钱，适郡黄丞公至。躬亲畚钟，合两城为一邑，赖有宁居。苦费不给，功半遂止，其东自丽春门及通津门以犹初也。福庇我汀，恭遇直指应公，特畀按闽。向巡闽者先抵会城，公入境即驱车来汀。……问县垣何坚，众以改扩对。问扩城何人，众以黄郡丞对，乃慨然欲合山城而并新之。手敕太守，唐公曰，我亦知今日诎极矣，乘此时乘此丞不可失矣。初太守下车，登城之巅。与郡丞及司理唐公先有此议。兼奉有督抚沈公专檄。已通详各县道设备工料。值岁大饥，加派不可，告助不能，乃搜括府治废濠及隙地数处为商民居者，议变值充之。三院俱允，约得二千金。不敷，又于刑名中酌取赎锾二百金，不敷。而虔督抚潘公闻之，捐俸百金。章公捐俸百金，唐公自捐俸百金。八邑令公各捐五十金，有至百金者。太守喜曰，事可集矣。即以其资，鸠工造料。其中经营区画，与郡丞躬亲反复阅视。虽炎不惮烦，数选城中材子弟近二百人，授以金钱，画以分地。又令李经幕顾邑丞祝县尉董之。一翻故垣，彻底鼎创。百杵雷动，千锄云集。而郡丞亲驻北楼，风雨晦明不稍歇。太守亦五日一往，舍车而徒，一砖一石，有筑不如法者，必谆切更置之。始于八月之朔，讫于九月之望，而功成矣。其周遍六百八十丈，与前扩城等。其雉堞一千二百垛，亦与扩城等。而插天起势，亘地立基，增高五尺，加厚二尺，改立砖为眠砖，坚如铁瓮，较扩城倍虽焉，又有不止此者。城有戍铺，皆欹矣，今拆而新之，计东西二十四处。旧有西阁，逼近北楼亦毁矣。今鼎而建之，改设于云梯岭间，额以听松。

长汀东北段城墙

西倚听松

崇祯年间的这次大规模修城，堪称“唐宋以来千百年未竟之绪”，但因为经费筹措得当，使“首尾数月底绩”。工成之后，“计帑中尚余金钱数百”，因宝珠门“单关可虑”，于是“扩而瓮焉”。

（瓮城）落成之初，城内外妇女皆扶携往观，父老子弟，或歌或舞。计帑中尚余金钱数百。为筑宝珠月城，移葺慈济阁之需，起大役动大众，更节而不浮，若此可以知政也。近奉我圣天子明诏，谓虚采循声，不如实课城守。三院公祖，以此报命，可纾我圣天子南顾之忧矣。是役也，非应公法眼亲临，知人善任，不能倡；非沈潘二抚台、章道台同心捐助，不能行；非太守郡丞司理承宣德意，共甘劳瘁，念念以急公固圉为事，不能就。唐宋来，千百年未竟之绪，首尾数月底绩，而又不加派百姓一文，乞助绅士一分，即南仲之城朔亘，仲山甫之城东山，想未必如是。居宇下者，永享厥成，没世之戴，宁有已也。今宇内奴寇交讧，加派不已，继以搜括；搜括不已，继以捐俸捐资。郡邑诸城，如舆马只候修衙交际等项，一切归之公家。欲举一事而备数千金，工多而不绌，民劳而不怨，如吾汀之增城者，宁非足堪不朽者哉。

2. 因势循险

汀州的城池特色，以山水而分，基本都是依山面水而建。

按来龙山势，城池朝向主要有南向、北向两种。在汀州一府八县城池中，朝向以坐北朝南为主，但也有坐南朝北的，如清流、归化（明溪）两处城邑。由此说明，城池建造之时，对地理形势的顺应是摆在第一位的。城池依山而建，可充分利用自然之形势，不仅节省工费，更可尽得地利之便。“因天造之胜，循地势之险”的营城思想，在汀州城池的建造中体现得淋漓尽致。

黄色中在《建岩城论》中，将武平岩前城“形胜为扼险”的好处形象地提炼为“十二胜”，如下：

弃高就卑，舍要路而守偏隅，势有险乎？故曰：万不可也。巡司之局，原有破绽，不敢护短，看寺场者，天造地设之胜概也。背山面水，一胜也；坐子午向午，二胜也；穿田过峡，来脉清明，三胜也；众水朝堂，凶杀退避，尖峰后照，木星特朝，四胜也；水缠元武，五胜也；山名狮于为百兽之帝，降尽虎豹，六胜也；草木郁葱，八公皆兵，七胜也；据君瞭望，贼尽仕目，八胜也；居高制下，炮石易施，九胜也；倚山作城，工力可省，十胜也；众路必经，扼要抗喉，十一胜也；明堂容万马，水口不容舟，十二胜也。此等胜概不用而又谁用哉？……夫依山为城，正北一带，可以不必筑堤，西北万仞，并可不砌墙，欲小可小，欲大可大，总不越此六百丈之外，较之平地更为省工，胡言费大耶？……

按河流形势，汀州城池可以区分为一水穿城、大溪环绕、两溪会流、众溪交汇等多种形态。因此，城池的选址与建造还需要充分考虑对所处地方的大小河流，以及对于城池内外各类水系的妥善利用。清流的山水环境如县志所记："万山环清溪，流水周四境。雁塔耸东方，巍然列八景。东望碧潭深，西顾青山岭。"境内后龙山、南极山峙其南，北屏山列其北，清流溪曲折蜿蜒，绕城东西北三面而过，故有"山大湾，水大曲"之称。

适宜的山形水势以及城池的坚固矗立，对于地方民众的安全作用显而易见。与此同时，同属城池配套防护设施的马道、濠塘等，却往往被私利或短视之人频频侵占。正如乾隆版《永定县志》所称：

顺治五年四月，巨寇围城，自夏徂秋。知县赵廷标间道请援，击败之。十月，广寇江龙穴地炮城，知县赵潴水淹之。又用飞梯附城，赵悬栅坠之。城卫之功于是为著。但寇平之后不久，捐资复浚者，又漫不可识矣。至康熙二十八年，知县吕坊之设立印簿，令诸赁公地者自书批赁于上，纳租入祀文昌祠。内开：张心友叔侄赁壕塘二口，郑复光、孔永成、赖立端各赁壕塘一口，是五塘者壕之有据可指者也。以百四十五丈之壕，今止有此区区，不无饩羊之爱矣。其东城内马道

清流九龙溪龙峰寺段

一丈五尺，虽犹如故，然许志修于嘉靖三十八年，廖林凤捐地于隆庆三年。许志一丈五尺，必据四城内外而言，不得以今东城寻丈之地，当许志所载之数也。其东城外官地店四间，亦填壕，为之以赁民者。……《管子》曰："国有宝有用，珠玉末用也。"城郭险阻，宝也。先王重宝而轻用，以壕地赁锱铢之租，致渐积侵没而莫寻其故。其轻重不亦慎乎！

3. 城寨之间

官方城池之外，民间寨堡、土楼的筑建也在有序推进。堡楼的大量出现，与当时防御形势的紧张以及官方力量不足以控御全境有关。正如明陈鸣春在《凉伞寨记》中所述：

（连城）河源里壁洲之南有凉伞寨，去城八十里许，山顶团团，肖形凉伞，因名之。内隈圹夷坦可居，外巉壁崎兀难陟，形胜盖天设也。正统戊辰，沙尤草寇邓茂七，越境作耗，时宰邑王公依临里而属诸乡民曰："邑无城池，难于御侮，幸可保障，惟有寨耳。吾与尔等共死守之。"里民，知义者，若林景容、吴秉英，愤然以从。乃复宰曰："村墟篱落，吾家室也欤哉！吾国一也。彼寇方张，吾侪虑无死地。王侯数语凛然，作吾忠义，吾侪又宁有生心？"相与率一里民，日夜提护寨中。无何，寇至环攻，英、容又谕众："吾辈宁死，原无降志。”旷时旬日不下，忽一日请战，而寇溃，众卒赖以全生。……

寨堡多据险而设，防御效果有时更胜于县城。官府为安全计，也极力主张并介入民间堡寨的建设，形成以官方城堡为核心、民间乡寨互为声援的犄角联保态势。筑堡之论，见于清邱嘉穗的《与翁明府、蒋参戎论洞寇书》，原文如下：

……窃惟来苏三乡，孤悬天末，不幸复界闽、粤间，西接武平，南邻程乡，无深沟高垒以为之限，有幽岩丛菁以为之巢。其二洞，群不逞之徒倚为窟穴，游奕往来，眈眈视来苏如奇货者，盖匪朝伊夕矣。会日秋收颇歉，谷价上腾，加以赣米弗来，潮米莫上，贫民半菽不饱，并日而炊。于是，二洞之亡命为雄者，至敢阴行招纳之私，大肆攻掠之惨，一呼百应，四方驿骚，沿乡之民，枕戈待旦，较之本朝定鼎之初，耿逆寅卯之变、乘机窃发者，其猖獗为尤甚。……因会三县文武吏相视闽、粤有濑田、茅坪、罗地等处，实为我之门户，贼之咽喉；宜仿岩前、河头二城遗意，筑一堡，增宿精兵数十人，遣把总官一员领之，以戍其地。其工费、粮草亦应酌议匀办四邻。使之平居联栅寨、修烽燧、谨间谍、悬赏格，万一有警，则檄乡兵之自为守者，互相声援，犄角而进，庶几哉奸宄无所容，缓急有所恃，而不至以两台饬甲遣戍之美意，徒为练长奉行之空文而已也。抑尝闻之，盗贼者平之非难，绝之为难。夫二洞之寇亦人也，谁无父母，谁无妻子，何至以父母、妻子所倚赖之身，甘心自蹈于不测之死地而莫之顾？而其所以贪昧凶残至于如此其极者，岂皆其本心所欲哉？诚见年荒米贵，平时汀、潮两地所仰给于西江诸郡县者，近则皆禁绝不甚通，非邻封有遏籴之谋，即当事之过虑，不许贩出境外，而皆必给票盘验，以使之嗷嗷望哺，卒不可得；枵腹难堪，呼吁无门，既不敢擅发河东之粟，复谁能代绘监门之图？彼以为死于饥也，与死于盗也，等一死

也；与其捐瘠沟中而长为白骨之鬼也，何如游魂釜底而暂作绿林之豪也。是以奋袂攘臂，不得已而出于此。所仗两台为全杭保障，既已移会，饬甲遣戍以制其死命；而即以招商放米之议，复申上宪，少宽禁纲；或并请以陈易新，将现贮仓谷减价发粜，而转籴江右以还之仓，俾良民之未为盗者，得以自谋卒岁。而盗知食足，亦不至出其劫掠之余，尽呼其类而诱之去，则二洞之寇，岂惟平之，抑且将绝之矣。……

二、城以化民

长汀僻处万山之中，其“山水窟中，一城如掌，山山一色，水水有源”，其自然之胜，据清光绪版《长汀县志》载：“邑有山川，如人有骨肉，必肢节脉络，井井分明，其人精彩，方得生动，又云山水本色，经雅人点缀，便秀发殊恒……夫固山不必游屐来，而吾汀自有山也，水不待问津，而吾汀自有水也。”其山有卧龙山、龙首山、南山，其水有鄞江、东溪、梓步溪、西溪。清光绪版《长汀县志》亦记：“引水为池，左龙陂，右南拔，两水交于挹清。东鄞江，西太原，两溪会于游绳，水绕山环，气完局固，美且善矣。”

1. 山水钟秀

汀州城池以府城为代表，其形态相对自由，而陇山带河之势，也大致成为各处城池的经典。府城内北笼卧龙山，东带状元峰，西引活水入城，中贯城内，其中汀州府署居其北，背靠卧龙山，长汀县署居城南，其余建筑分布其间。城外双溪萦绕，各寺庙坛祠择其胜处而建，以合山水之势。城内府文庙居右、县文庙居左，均临东西大街南向而立；城东有龙山书院，西门外紧邻龙江书院，以彰邑之文教。城池之外，又有辛峰与万魁二塔，据两峰之上，为邑之观瞻，共同构筑了山水城一体的人居胜景。

关于长汀的山水形势以及水道对城市风水的影响，有闵遇亨的《浚复两河题助引》，记录了当时形势：

……汀处万山中，踞闽上游，东连吴、越，西通楚、豫，虽非都会，亦称奥区。自宋、明以来，人文秀蔚，家室盈宁。揆厥所由，佥曰：非地灵不至此。盖龙山耸翠于北，宝珠拱峙于南，而东西两道，回环曲抱，不可谓非闽南一巨镇也。迨启、祯间，人昧地脉，妄行更改。于是西河断其官星，东流射乎城郭，人民困弊，科甲凋零，识者憾之。但目击心伤，空悲狂澜于既倒；涂歌巷议，惟思砥柱乎中流。幸逢王太公祖，操比河清，量符海阔。休休乎容人雅度，千顷汪洋；凛凛乎振世高风，一时宝筏。固已善政善教，指不胜屈矣。乃犹留心民瘼，咨访利弊，欲西河之渐复，必东道之先更。俯准合词陈请，仰筹盛举艰辛。其难其慎，善始善终者，诚千载之奇遭而万年之伟绩者也。独是举大木者呼邪许，为浮屠者必合尖，众力擎天，方能底绩。虽山川异道，各有专司；而统辖同邦，自宜分任。经营畚锸，附郭岂敢惮劳；挥羡捐资，属邑宁无同志？惟冀当道贵人，分东阁西园之费；乡城士庶，捐仙□丹穴之金。务使水回故道，少壮山城之色；波转新渠，共勷利导之功。庶几哉，藉复旧以更新，欢呼上下，行兢功而奏效，庆洽海山。将见民安物阜，凤起蛟腾，上副盛朝振德之思，下开生民乐利之化，其遗惠于通郡者，又岂但曰十世百世而已哉！

除了河水的重要性，清黎士弘又有《募修北极楼引》，记叙了卧龙山生态保护对于汀州城池的重要性，原文曰：

九龙，郡之镇山也，祀真武像其上。故有巨松万挺，皆三百年间物，葱郁之气见百里内外。前明卫所官军设巡视，敢有执斤斧入山林者，执之论如法。鼎建后，多事频仍，松木残摧过半，楼亦日就倾圮。连年官司顿挫，文运不张，奇狱异变，有故老宿生之所未见者。虽形家之说不必尽信，然楼为山冠，树为山衣，譬露顶裸身，必不可见先生长者。使狂夫箕倨傲坐，而欲责之树连邑津梁，拥万家烟火，有不目睨而腹诽者乎？阖郡士民亟亟乎有请修之举也。所见梵刹仙宫于人国何所损益？一人倡导，能使富者捐金，材者输力。以彼权此，其轻重大小，宜何如哉？若山林之禁，在当路不惜举手寸檄，顿使高柯掩盖，一还旧观。神实凭之，民且庇焉。使山川而能言，将食德于诸公不浅。

长汀城墙与汀江

而连城之山川形势，也有童能元之《连城山川考》，记之甚详：

山由西而北，川自南而东。遡其源，远自庾岭度峡而至火星，历桃源，右出黄竹岭为长汀，是江、闽之界也。由黄竹越天华山，西接乱萝山，其高二十里，延袤百里，遂至池家。西趋而上，状列于屏者曰马龙砦，从中出者为宁化祖山；由马龙而右出者曰狐栖岭。自此逶迤东行二十余里，乃达大息岭，其水左流宁化，右流新桥，至湘洪滩下汀州。度大息过峡北行，至平原山，从北出者为清流；其东出者，由四堡历分水铺，过峡顿起高屋山，至连境之赖仙，越牛角垄，而止于枋坊，是清、连之界也。由平原腾涌而南，直上者曰归岭。……由是复东向逆行，见奇峰特起，上侵云汉者，曰虎忙山，延袤三十余里，路峻险绝，旧志载，虎过忙也。山半结庵，为行人憩息，横嶂排空，势若浪涌。……从杨梅岭西向而行，穿田而峭拔者曰叶屋岭，北行达棋子岭。水东、西分流，为汀、连之界。离城十里，如扆如笏，是为连城少祖。随岭直下曰三箭，其水左流童子岩，隔口田，过泡洋，合隔川水，越西陂，至北门外夫人庙，会大河；右流狐狸坑，姚家坪，石塘，历彭屋陂，过昼锦桥，至西门外入文川。……左辅右弼，磊落度畦而起者曰后龙山，此邑正乾也。其翊然展拓于左者曰伍屋坑，曰寨子山；其蔼然端拱于右者曰社稷坛。自龙山中出入城而特尊者曰雄镇楼，县令吴瓒公所建也。其下曰功德祠，阖邑为童玺公倡筑城报德而祀也。承中支而出四围，衍衍拱护，伟卫若怀宝而燕息者，县治奠其中焉。左分司，右捕厅。入城而振于北者为城隍庙，为万寿宫，为儒学，为驻防署，为文昌阁，而止于沈屋山；入城而翼于西者，为定光寺，为西门街，为乡约所。其襟披于邑前而宅居者为正街，为下街，为秋官坊，为吴屋巷，为塔下街。遂突起为城墙窝，为塔岭背，出东门而止于山川坛。此自西而北作邑之经络也。……复有山嵯峨、直上秀拔者，则为旗石峰，居儒学之巽位。由旗石峰西向而历江坊、过塞山，散下平畴，经塔下罗家营、而止于水南，为邑近案。此自西而南而东之经络也。由金鸡山左嶂角分支西向而下者，曰山坑，曰上罗地。顿起大岭背北向结者，为莒溪，为壁州，为余畲。其逶迤而南，复峭拔而起、雄冠一方者，曰棋盘山。晴空云敛，俯睇龙岩，城郭如穴、如垤。是山分脉长远，中乾为漳州之祖龙。左分支为屏山罗地，为大平橑，而止于池家山，为龙岩、连城分界；右分支至下车，南向而出者为上杭之祖山，其北向逆上顿起仙高，至丰头复逆上结芷溪，而止于新泉，为连上分界。此自东而南而西之经络也。……

2. 城固人善

汀州地处山区，城池建造因地制宜，在筑墙浚濠的同时，极为注重与自然环境和谐共生的追求理念。

汀州的各处城池以靠山临水为共性，城池形状则以不规则的椭圆形为主，形如网袋状的为多，也有人称之为荷包之形。坚固的城池，给了乱世之人以创业的信心支撑，也由此生出求学、求财的愿景，并趋善向好，共同发力守护一方家园。

以清流之城邑为例，南依山，北濒河，故其城垣据山带水，似“渔翁撒网”，其城陆门六，水门四，分别位于东、西、南方向，因南据山，故不开城门，依山而建南极楼、武侯庙、东岳庙，以据高地为邑之观瞻。其城南建樊公庙，以纪念樊令于清流之功绩，城西亦建武庙、儒学。“西则诸山统领于拜相，北则俯首于北顾，东则仰止于鹅峰山水”，“环山带水、钟秀毓奇”的山水格局，营造出“万家烟火开闾井，一带溪山胜画图”之城邑美景。如道光版《清流县志》载：“城仅弹丸，而山尚占其半，形肖荷包，东西两桥如左右带。又堪舆家言为渔翁撒网，南顾楼像人形，而城圆似网，登高视之，无有异也。”《城池图说》又载：“斯邑因山为城，群峰若砺，因河为池，一水如带，此固可恃以守也。至若绿嶂千重，青山万转，讵不谓归飞鸟群翼，竞来企木之猿，众臂相接，可恃以无虞。然而嵬嵬层雉，汤汤天堑，委而去之者不可胜纪。”

宁化位于汀州府城之北，垒嶂驶流，控带雄远，志治所则四围迤平，形若仰斧。从清康熙版《宁化县志》县境图可以看出：城池北笼山，南据河，城呈不规则形，城内县治居其南、儒学居其西、城隍庙居其东，其邑内修有跨鳌阁、真武楼，登其上“北可眺翠华，南可瞰大溪”，为一邑之巨观。城南河流南岸修有慈恩塔、金山塔。慈恩塔又名水南塔，正对县治。“金山据两水之冲，为全邑砥柱，形家谓宜建塔镇其上”。故建金山塔于县

东南金山之下，于二溪汇流之处，以镇一邑之安。“右山陵，左水洋，兵以此为生也。地道尚右，山川西来，度地居民，生之而已”。

永定县北为龙冈山，迤逦蜿蜒，蟠若龙卧，又有笔架山，峰峦如卓笔，高出众山；县南为挂榜山，横列如屏，痕如裳襞，与儒学相对；县境之水有文溪、武溪，于县南合为一溪，又有晏湖在儒学前，“陂水经流，清漪可爱，停储为湖，春夏可泄以种稻，秋冬可壅以畜鱼”。其山水形胜如清康熙版《永定县志》载：“龙冈后峙，榜山前列。文笔秀出南离，印匣镇奠西兑。龙门耸于来山之东，眠象屹于水口之南。二水合流，回环如带。一湖澄澈，潋滟成文。”永定亦有前、后八景之胜，前八景为晏湖鱼化、古镇锋销、棕嶂连屏、水珠叠翠、温泉晚浴、杭陂春耕、龙门樵唱、鳌石渔歌；后八景为北楼夜月、南堤烟雨、榕坛春翠、松院秋声、巽峰迎旭、凤渚维舟、龟石浮印、潭阁呼焦。对此永定古人有论：“永邑形胜无块山浊水，土产其间，往往清慧。而文至于人多慷慨持气节，要亦毓气使然，昔孙楚云其山崔嵬以嵯峨，其水浃谍而扬波，共人磊祠而英多，殆似此也。”

上杭亦名“杭川”，因“形如木牌之浮水上也”。其境内“环簇万山，中开旷衍，汀水北来，旋绕三折”，故亦有“水南佳地”“瓯闽奥壤”之美誉。城池自宋乾道（1165—1173）间迁至今址，历代因灾患，多有毁坏，今城为明成化（1465—1487）间重修，并拓之，“杭独平原旷爽，拱其形衡十里许，纵半之山翠，四周环拱，前临汀水，其后缭以隍濠，翼翼百雉，既坚且齐，诚十闽奥衍之金汤也”。城池形态规整，有城门八，东、

西、北各有一门，而城南建有五门。城内道路经纬，秩序井然，其中县治居其南，对南、北城门，文庙居其右，对奎星楼，武庙居其左，其余建筑沿道路分布。城外三元塔、琴冈塔、龙翔塔三塔耸峙，分列汀水潆回处，曲折回环，以壮观瞻、览胜景、助文运，共同构筑上杭之城市格局。

三、众志成城

在阶级矛盾和民族矛盾十分尖锐的古代社会，城市的防御能力不仅关系到全城居民的安危，也意味着中央政权对该地统治的存亡。因此，城防工程始终被列为地方社会头等重要的工程行为，同时期的先进装备与材料，往往被优先考虑用于军事之攻防。这一点，在易受境外武力侵扰的汀州地区尤为明显。

汀州城池是修筑在汀州府境内的，以军事防御、界限划定以及权力象征等功能为主的大型防御性设施与构筑物，是明清城墙在中国南方山地地区的代表。汀州城池与中国其他各地城墙一样，反映了中国古代城墙发展到明清时期，在不同空间地域范围内呈现出的多样性特征，是中国明清城墙体系的重要组成部分。

对于城池之营建，清康熙版《永定县志》有论："王公设险必建城池，所以重地利也。永定城池建于龙冈，城垣楼铺，半挂山巅。公署民居森列平麓，塞北门而险要有防，凿南池而冲突可御，固已安如泰山矣。然语曰：'不惟其地惟其人，则长城可倚，又再明恩义，以固人心乎。'"由此可见汀州城池对于"明恩义""固人心"这一营城理念的突出强调。

1. 百里一城

据清代《大清会典》："历朝经制，凡立郡县，必建城池，以为治所。"

城池之建，主要为保一方官宦与百姓之安宁。但城池面积有限，变乱之时，可以收纳的人员并不多；一城之兵力有限，其可以前出保障的范围一般不超百里。因此，一县之境，以周边不超百里为宜。汀州之境，东西广七百余里，南北袤三百余里。附郭为长汀县，东北一百七十里为宁化县，东北二百里为清流县，东北三百里为归化县，东南一百四十里为连城县，南二百四十里为上杭县，西南二百一十里为武平县，南三百四十里为永定县。从距离的角度，基本符合“百里之间，必有一县”的古制。

当然，这一分布要求，是在长期的社会发展中逐步实现的。如童玺在《筑城奏疏》中，对连城的建城诉求进行了完整的阐述：

臣原籍福建汀州府连城县人。切照本府所属地方，北连江西之赣州，南接广东之潮州，山谷蜿蜒，深林茂密，土俗顽犷。或邻境盗贼之延蔓，或地方奸宄之窃发，百年之间，已经寇乱。且举其甚者言之：正统年间，则有贼首邓茂七之祸；成化年间，则有贼首温文俊之祸；正德三年间，则有贼首李四孜之祸。戕人躯命，污人妇女，焚人室庐，劫人财物，甚至掘人坟墓，绝人宗祀。凡遭荼毒之家，难以数计，实乃恶甚于虎，烈甚于火，见之散魂，言之痛心者也。至正德九年二月内，又被江西贼首叶芳越城，本府地方，杀戮之祸，视前尤惨，虽幸有兵备官督兵却之，然后来伤弓之民，夕不安枕。仰惟祖宗列圣，奠安元元，所以预为防寇备害者，靡所不至。以本府言之，既设郡治一城，卫之以军矣。于要害之处，又设武平千户所一城，以守御之；又设上杭县一城以屯守之。其于宁化、清流等县，亦皆近筑一城，盖为保障地方计也。故有城处所，虽经前寇，民多保全。惟连城一邑，素当盗贼出没之冲，未尝有城池。每经前项寇乱，罹祸独惨，或空邑逃亡，而仓库不守；或少壮幸脱，而老弱涂地。如本县新泉、杨家坊等处，糜烂污辱，又有不忍言者。由是观之，城池之有无，利害之关系如此。先年，巡按御史吴一贯亦曾奏行，委先任本府知府吴文度，踏量基址七百余丈，估值砖石、工费不满万金，已经勘结回报在官。彼时本县地瘠民贫，财力难处；上司迁转，交代不常；故临患则思辟，遇寇则因循，岁复一岁，竟未成功；频年有警，辄复仓皇。臣本疏愚，误蒙录用，固知当以天下为计，而不容以乡土为忧。但皇上覆物同天，保民如子，不忍使一民向隅而泣，一物不得其所。矧连城虽小邑，里分亦余三十，丁粮亦有万数，顾置之于覆冒之外哉？臣用是不避斧钺，冒昧上陈，如蒙睿照，俯恤民患，乞敕行巡抚并巡按、守巡、兵备等官，从长计处，量筑一城，为经久之计。仍乞查照延平府顺昌县先年筑城则例，预行布政司，候派粮之时，立通融之法，于筑城地方，该府属县，多派折色银若干，征收之际，明白晓谕。该征人户每石照旧征银七钱，照例内扣二钱七分解京，其余四钱三分存留筑城支费，大约多派折色一万石，可存留银四千三百两矣。只在一年，或匀作二年扣算，够数即便停止。如此无独力难成之患，在彼有众擎易举之势，城池可完于不日，民生复保于无虞。

长汀东方口远眺城区

城池之筑造，对民心的影响力，还可以从明代柯潜的《上杭县新城记》中得到论证：

上杭为汀之属邑，旧号乐土，而无反侧之虞。正统己巳（1449年），沙、尤寇发，延蔓旁邑，而上杭被其害为尤深。时知县德庆岑嵩奏请筑城，以民力罢惫，不果作。景泰壬申（1452年），知县永嘉黄希礼申前请，得谕旨……壬辰（1472年）正月毕工，高广坚壮，邑人喜其可恃以为安也……惟君子之任官，贵于勤，其政溥，其利于民，使民倾心仰戴可也。苟得民心，虽画地而限，植表而守，效死者不去，冒死者不能入。否则封疆之界，不足以为域；山溪之险，不足以为固；而况于城郭乎？虽然，城郭者，先王创制立法所必有，王公设险见于《易》，商邑翼翼歌于《诗》。盖防患立极，皆政治所当先者，其可置而不问乎？巡按及藩宪诸公皆朝廷之所抡选以为贤者，敷宣政教得本末先后之宜，是固有以得民心矣；又以为防患立极有不可缓者，此上杭之城所以作也。然自肇建迄今二十余载，功始告备，盖役民之力欲其纾，用民之财贵有节，而民心亦怡然承顺，未尝以为劳也。以此心而守此城，则上杭又将号为乐土，以复其初。……

而修城之缘由，可以从明代王慎中的《上杭缪侯抚寇碑》中，得到约略完整的说明：

汀、漳于闽为要郡。上杭，汀岩邑也。邑溪南之乡，崇山造天，牙错距跃，陇阪缘亘，箐薄密绵。其民狎为非义，狞噬狙攫，席袵戈甲，御寇无时，风气所限，非性故然。长子育孙，生蕃齿盛，耳目熟习，莫改厥德。少视其壮，壮视其老，蹲危逗幽，乃为盗薮。厥有治者不揆其性，不闵其习，盗视彼民，忿犷犟凶，攻击铲锄，如农疾莠，惟惧不残。民不见德，又弗儆威，既狃于习，且偷其生，鸱张螳怒，攘奋踉跄。吏既仇民，民亦毒吏，仇毒两积，交不得已。于是，溪南之民恶声胶固，历尔年所，湔涤无由，岂不悲哉！嘉靖癸卯之岁，郡丞缪侯宗尧移摄事，闻而叹曰：“安有为吏而民实仇在？邑所治处溪之南，而视若异壤，民之不义，惟为吏者之责。吾将为溪南之民湔涤恶声！”登济维新，偕之大道，发告布令，开以诚心，民闻不疑。选日戒徒，往涖其乡。而教谕梁君彦锦实赞缪侯之计而决其行，乃与训导郑君夔率学宫弟子邱道充、道南、李如珠、赖荣先从焉。……

长汀丁屋岭

2. 见贤思齐

地方城池是中央政权向基层延伸的据点，所以城池的作用，具体表现在“管、教、养、卫”各个方面。坚固的城池，是为了保护城墙内外的各种公共和私有建筑，以满足官府与百姓的各类需求；而汀州城池的营建目的，更多还是为了“教化”当地之民。

汀州山峻地僻，俗梗民强，尚武勇足以御敌，力本业足以营生。正如《武平县志》对当地民众之形容：“勤劳稼穑，不事商贾，病不服药而崇鬼，人颇知学而习武。俗尚淳直，人知礼义；力本者多，末业者少；贸迁有无，类非土著。”因地方疆圉硗瘠，物产稀有，民众专事师巫，不任医药，尚武少文，以至于任侠轻财、重武尚意气。

类似的记载，也见于连城县志中。县志云：“闽中僻邑，习尚朴素，士慕诗书，民安稼穑。富者仅足于供输，贫者间免于饥冻。途无行货之妇，市乏赌博之风。不通舟楫，而财货甚少；各务生理，而商贾为多。阃范最严，妇耻再嫁。但土不宜蚕，女职纺织；田不宜麦，农种稻粱。豪右好争而少让，乡落习武而少文。”

因此，汀州各城池在重视安全防护的同时，尤为重视文教之兴。以儒学之修建为代表，清康熙版《归化县志》记称：“气运关乎文运，文运关乎地灵，考古郡邑，凡人文蔚起，文章事功，特著当世，咸由学宫地吉。”

明溪城池之建，据清康熙版《归化县志》载：“自古体国经野而为久远之谋，其规模务弘，条目宜备，首城池，重设险也。”县域居万山丛中，境内群山环绕，碧水萦绕。县治“居闽上游，虽幅员弹丸，亦闽中要地，则沿方以占星，因境以图胜，省土考风，固一隅金汤之所”，其北以峨眉山为前山，南以楼台鼓角山为主山，西有五顶嶂，东有狮子山、天上岗、龟山，皆可成为一邑之屏障。

明溪县因水流环抱，且其水穿城而过，故城里外皆桥梁林立，如飞虹跨水。桥梁之建可便民往来，亦如城东白沙桥的建设，其桥始建于成

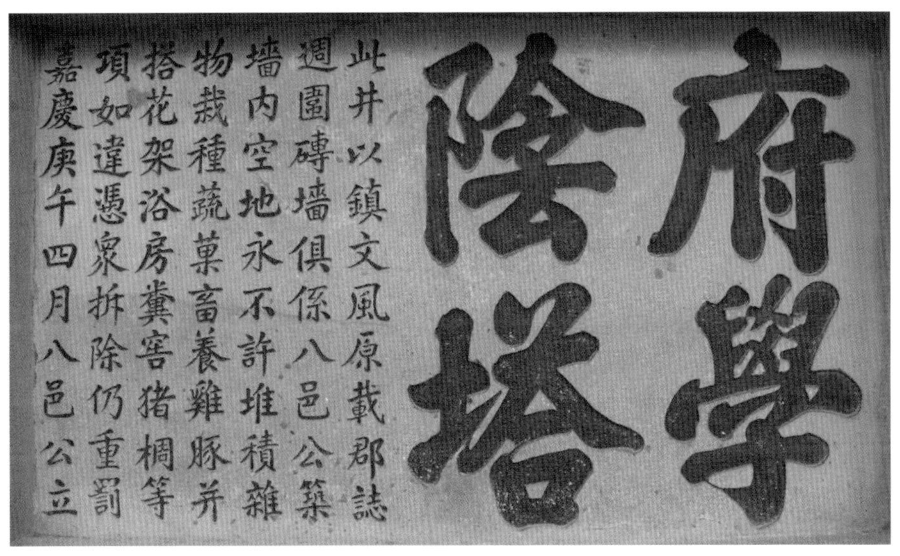

府学阴井

化八年（1472 年），屡被洪水冲圮，多经修复，据清康熙版《归化县志》载："李茂春寔董其役，下开五门，上构屋六十余间，如亘如长虹，为归阳第一锁钥，掌县事李应午题曰'龙门首渡'。"同时白沙桥作为明溪第一锁钥，为其邑桥梁营建之代表，其桥之建，因借自然之巧进行营建，其桥上屋，登其上可揽邑之风景，形成了明溪城内一处景胜，古有"白沙夜月"之称，为明溪八景之一。又有文峰塔，以振一邑之人文，兴一邑之教化。古人认为，借山川之灵可振人文，可"作其气而贾其勇"，此为守土者之责；而人文教化之功，恒为久永之道。

官方正统理学思想对于地方民众心智的改造，还可以从清张钦的《王文成公庙碑》一文对一代大儒王阳明的功绩评定中得到解释：

> 夫闽为宋朱夫子讲学地，而汀、漳数郡又明王文成公经略处也。大儒过化存神，士民何日忘之。谨按，公讳守仁，字伯安，文成其谥也。其先余姚人，生明成弘间，讲学聚生徒，不蹈袭于汉宋儒者，以良知而直接孟氏之性善；世之学人崇而师者半，攻而辟者亦半。夫公之著述，小不合朱子耳，非不尽合圣人也。姑无论理学迹公之事，原公之功，非一代通儒何以办此？正德时，权奸肆虐，公直撄其锋，几危者数矣。后逆阉伏诛，公累迁右副都御史、提督南岭诸军务，由赣而汀，由汀而漳、潮、惠、韶，洞贼绢结，公呼吸间降椎结者以七万。及宸濠背逆，公率义兵下南昌，迎击濠于黄溪渡，以小舟载柴，乘风纵火焚之，众溃就擒，以功封新建伯。既而，奉命巡抚两广，征断藤八寨，以数千弱卒荡平二千里百年未拔之狡窟于两月之间。呜呼，是岂空谈理学者与！人谓公有此事功，可以不事理学。愚谓有此理学，乃能立此事功。公于孟氏，究之精，故不借程朱之梯航，而自登邹鲁之堂奥。不独良知一说，大畅性善，其生平严毅，无非浩然之气所流行，遇璫则摧，遇逆则除，遇犷则抚，遇剧则平。理学事功，卓卓冠冕……

当时的王阳明，是以右佥都御史、南赣巡抚的身份征剿漳南道寇，故有《征漳寇经永定道中》一诗，描写征剿之艰辛：

将略平生非所长，也提戎马入汀漳。

数峰斜日旌旗远，一道春风鼓角扬。

莫倚贰师能出塞，极知充国善平羌。

疮痍到处曾无补，翻忆钟山旧草堂。

其间，王阳明驻节上杭城。军旅倥偬，有感于兵戈纷乱与农耕之念，题《上杭喜雨二首》。从中，我们隐然可见，在汀州城池建造之中“拟险”与“人和”的辩证关系：

即看一雨洗兵戈，便觉光风转石萝。

顺水飞樯来贾舶，绝江喧浪集渔蓑。

片云东望怜梁国，五月南征想伏波。

长拟归耕犹未得，鹿门初伴渐无多。

辕门春昼犹多事，竹院空闲未得过。

特放小舟寻急浪，始闻幽磬出层萝。

山田旱久俄逢雨，野老欢腾且纵歌。

莫谓可塘终拟险，地形原不胜人和。

由此，汀州城池的修建主旨，在防御之外，更重教化。与文教有关的建筑在城墙内外及管控范围内大行其道，或是将各类建筑都赋以人文之义，应该是汀州城池与其他地方城池区别的要点所在。

上杭耸魁塔

后 记

对长汀印象的开始，缘于 1994 年夏天的客家文物征集活动。当时的福建省博物馆要做一个关于闽西客家的展览，指派当时初出校园尚仅两年的我随陈列部同事前往清流、宁化、长汀三地进行调研。当时的交通和通信都不太便利，又距当年“5・2”洪灾过去不久，岸边各处水渍有的仍历历在目，但家园已经在灾后迅速重兴，让我们在认识“闽地千里、山关水长”的地理形势的同时，深深地体会到生于斯长于斯的客家民系与汀州的人地关系。

但是，心中始终存在着一个谜团，因为对于福建的这方土地而言，我们都只能算是一个过客，“客随主便”是一种极其自然的行为与认识。那么对于当年初到闽西的这些北方族群，又是因为什么样的原因和形势，而自称客家，又能融合形成一个新的族群，进而占据和引领当地社会的发展呢？毋庸置疑的是，近代社会客家族群的影响力已经远远地超出了当初汀属八县的版图范围，甚至于在当今世界已经占据重要的一席之地，那么这个推动着客家迅速前行的根源力量，是否仍日夜不息地流淌在汀江之中呢？

从事考古工作和古村落调查的工作性质，让我有比较多的机会走进汀属八县的城镇与乡野，在考察当地各式乡土建筑的同时，体验当地的风土与人情，也深切体会到最近 30 年间社会的飞速发展。“物是而人非”，只有零落分布在乡间地头的祠堂和祖居，孤寂地宽慰着日渐稀少的匆匆过客。诚然，我们已经将相当数量有价值的重要建筑和村落列入各级与各部门的保护名录，但是乡间社会对于历史的整体遗忘，随着不久将来经济方式的全然变化，却似乎已经是必然之事了！

值此之时，因为长汀城墙申遗工作的启动，终于使人们的目光又一次落回到了历史上客家族群为了保护自身而开疆拓土的这一防御性建筑工事上。长汀城墙历经千年的遗留，绝不仅仅只是历史上关于血雨腥风的战争记忆，它更多承载的，还是对于绝大部分时间里的和平岁月的守护，以及客家文明与生活方式的集中展现、交流与延续。幸运的是，有关汀州的文献史实尚属丰富，源自于南宋的《临汀志》以及明清时期的县志、民间的族谱等对古汀州一府八县以及乡间的事迹或多或少都有相对真实的记录。展读之间，也发现了汀州大小城池之间的一些故事，甚至有些疑点至今未有合理的解释。由此，也让从事职业考古的我萌生出写一本汀州城池考的想法。

考古学视野中的汀州城池，要透过眼前可见的默默伫立、久证风尘的残垣断壁，看到这些“防御性工事”的背后故事。汀州有着相对独立的地理环境，历史进程较少受到外界干扰，因而有可能让我们这些研究者们触摸到更为真实的地区发展脉络。但是，经济建设的浪潮风起云涌，古代城池因为体量巨大，又多数居于各个地区的发展中心，能够较为完整地保存到现在的已然不多见，而这些大小、种类各异的城池，它们是何人所建，因何而建，又是为何湮没的呢？

2015 年，我申请的长汀城墙考古发掘项目获得国家文物局批准立项，并获得专项资金支持；经过前后长达半年的野外工作，田野发掘工作于 2016 年 6 月基本完成，转入室内资料整理，并于 2017 年完成工作报告。与此同时，本着探究汀州古代防御工事体系的课题研究目的，我们对遍布于汀属长汀、宁化、清流、明溪、上杭、武平、永定、连城等八县范围内的交通驿道以及各类城墙、堡寨、隘所进行了实地调查，希望能够结合文献资料，揭示当年发生于这片土地的“土客之争”，以及客家族群“反客为主”的历史进程。

随着遗产保护理念的深入人心，福建文化遗产的保护与利用工作在最近几年间渐入佳境。为迎接世界遗产大会在福建的召开，汀州城墙悄然翻开了新的一页。2020 年初，为配合汀州城墙保护工作的开展，福建博物院与长汀县文体局联合组队，对朝天门北侧地段进行考古调查与勘探，深入细致的考古工作，为汀州城池的考古论证工作提供了更多实据，也为本书的最终完成奠定了坚实基础。

一次或数次的课题研究，并不可能廓清关于汀州城池形成与发展以及当时社会生态的所有实质性问题，但我们依然竭尽所能，希望借助于此次对于汀州各县不同历史时期遗留下来的各类交通与防御性工事的考古调查与发掘，结合文献资料的综合分析，能够部分展现出当年汀州大地曾经经历过的“血与火”般的历史洗礼。险峻而高耸的城墙、密集而凌乱的枪眼，显示出来的，正是民族融合进程的残酷，虽然它远远不及诗人笔触间田园牧歌式的思绪轻扬，却可以让现代的人们触摸、体会到更多的历史真实。书中大量引用明清两代包括《汀州府志》以及长汀、宁化、清流、归化（明溪）、连城、上杭、武平、永定县志等诸多文献材料，无法一一注明，谨向各志书的修撰者表示感谢。

考古调查与发掘工作的完成，依赖于众多同行之人的心血付出。而出书的目的，一是可以将大家的工作成果做一次集中的呈现，二是让我能有这么一个机会，向大家表达由衷的谢意。在此，我要感谢参与此次调查发掘工作的所有人员，指导并全程参与考古发掘与勘探工作的我的前辈林龚务、林聿亮、陈兆善老师，以及长汀县文物保护中心的许建萍、卢品文、江祖泉、谢锐、廖红卫、赖永琦和赖建老师，长汀县博物馆的范春生、李鸿、吴泳红、刘小雯，长汀县城墙修复协会的陈泽益、王梅生，宁化县博物馆的陈端、黄鑫民，宁化县石壁镇的张汉江，清流县博物馆的张云、林文霞、刘光军，明溪县博物馆的俞其宝，永定区博物馆的赖晓东、卢建强、黄丰林、许友营、郭茂顺，连城县文物保护中心的伍玲金、曹小勇，连城县博物馆的马秀斌，上杭县文物局的胡志贤，上杭县博物馆的王茂芳，武平县博物馆的李凤英、曾小燕，龙岩博物馆的林震明、黄丽珍、谢福英，龙岩市文物局的李史明、连智慧、吴廷水，三明市文管办的余生富、吴秀华等人，作为地方领导或博物馆同行，他们都抽出时间，陪同我们下乡或是蹲工地，或是遍寻、记录资料，使得这本书稿的资料性与真实性有了充足的保障。

此外，还要感谢福建博物院的领导和同事，他们对考古研究的理解与支持，使我们免除了工作上的后顾之忧，可以安排大量的时间投入各项业务工作；更要感谢考古所的各位同仁，大家齐心协力，确保了各项工作的合力推进。本项课题的顺利完成，尤其要提到的是陈玭、蔡喜鹏、林博、张涛、程璐、黄弘毅、陈闻达、杨俊的努力付出，他们全程紧盯考古工地，或是陪同野外调查，并负责后期考古发掘资料的整理以及发掘报告的编写工作；此外，还有梁源、邓雨、王迦等人，为本书的编写与资料收集尽心尽力，做出了她们的努力与贡献。

最后，仍然还是要感谢我的爱人和女儿。此书成稿于女儿高三学年的毕业之季，庚子年春夏长达数月的“闭门战疫”以及一以贯之的紧张复习，充分显示了自主与自觉学习的重要性。“人生自有诗意，诗意源于努力”，既是寄语，也是自勉，并以此祝福我所有感恩的人们，自强自立，砥砺前行，收获各人心中最美的风景！

作　者